# Español
# Mundial 1

## Sol Garson, Sonia Asli, Rosa Martínez

Hodder & Stoughton

A MEMBER OF THE HODDER HEADLINE GROUP

## Acknowledgements

The authors would like to thank Mabel Lence and Jesús Hernando for arranging our interviews with Cuenca and Madrid students respectively.

A very special thank you to that wonderful family Yolanda Morado, Juan Torrado, Saulo and Jessica for providing all the photos and much of the texts for our Mundial characters Saulo and Carmen.

We are always indebted to our co-authors in the series Anna Valentine and Barbara Hill who have no doubt inspired much of the content of this new edition.

Had it not been for the industrious care and dedication of Malka Benggio's work on the manuscript, this third edition would have not seen the light of day. To Malka, and as ever, to our Language Consultant, Isabel Pineda, we offer our heartfelt gratitude and acknowledge their patience and hard work.

**The authors and publishers would like to thank the following for permission to reproduce copyright material:**

©costadelsol-8m.net, p11; ©Hotel Francabel, p56; ©Agencia Valenciana del Turisme, p59; ©turgalicia@xunta.es, p59; ©Carrefour, p83; ©Restaurante Aladino, p83; ©Clínica dental major, p98; ©Renfe, pp108, 134; ©Parque de Atracciones, p108; ©Junta Municipal de Tetuán, pp110, 111; © Selwo Aventura, p112; ©Diputación Provinical de Málaga, p118; ©www.ufv.es. p135; ©Cámara de Comercio, Industria y Navegación de Valencia (España), p141; ©Monte Aventura, p151; ©Concejalía de Servicios y urbanizaciones, Boadilla, p152; ©Consejería de Medio Ambiente, Comunidad de Madrid, p153; ©Asociación de Hoteles de Sevilla y Provincia, p156; ©EMASESA, p156.

Every effort has been made to trace all copyright holders, but if any have been inadvertently overlooked the Publishers will be pleased to make the necessary arrangements at the first opportunity.

Illustrations in *Español Mundial 1 Student's Book* are by Barking Dog Art, Design and Illustration.

Although every effort has been made to ensure that website addresses are correct at time of going to press, Hodder Murray cannot be held responsible for the content of any website mentioned in this book. It is sometimes possible to find a relocated web page by typing in the address of the home page for a website in the URL window of your browser.

Orders: please contact Bookpoint Ltd, 130 Milton Park, Abingdon, Oxon OX14 4SB.
Telephone: (44) 01235 827720. Fax: (44) 01235 400454. Lines are open from 9.00–6.00, Monday to Saturday, with a 24 hour message answering service.
Visit our website at www.hodderheadline.co.uk.

© Sol Garson, Sonia Asli, Rosa Martínez 2004
Second Edition published in 1991
This Edition published in 2004 by
Hodder Murray, a member of the Hodder Headline Group
338 Euston Road
London NW1 3BH

Impression number    10 9 8 7 6 5 4 3 2 1
Year                 2009  2008  2007  2006  2005  2004

Typeset by Tech-Set Ltd, Gateshead, Tyne & Wear.
Printed in Italy for Hodder & Stoughton Educational, 338 Euston Road, London NW1 3BH

A catalogue record for this title is available from The British Library.

ISBN 0 340 859059

# Contents

## A 🎧 Escucha y lee.

¿Cómo **te llamas**?

**Me llamo** Alejandro Chinarro.

**Me llamo** Estefanía Prior Cano.

**Me llamo** Cristian Bermeo Durán.

¿Dónde **vives**?

**Vivo** en Madrid.

**Vivo** en Cuenca.

**Vivo** en Madrid pero **soy** de Ecuador.

## Aprende 1 🎧

**¿Cómo te llamas?**
**Me llamo** Carlos Fuentes.
**Mi nombre** es Carlos Fuentes.

## B Oral/escrito

Ordena el diálogo.

¿Cómo **te llamas**?

Vivo en Londres.

Vivo en Madrid y me llamo Miguel.

Me llamo Carlos Fuentes; y ¿tú?

¿Dónde **vives**?

## C 🎧 Escucha a las 6 personas.

¿Quién vive dónde?
*Ejemplo:* 1 Madrid

1 Carmen
2 Enrique
3 Daniel
4 Susana
5 Eva
6 Javier

## D Oral. Con tu compañero/a

Elige un nombre y una ciudad. Haz diálogos.
*Ejemplo:*    ¿Dónde vives? Vivo en Madrid.
              Y ¿cómo te llamas? Me llamo Susana.

## Aprende 2 🎧

**¿Cómo se llama?**
**Se llama** Paula.
**¿Dónde vive** Paula? **¿Vive** en Madrid?
No, **vive** en Alicante.
Y **¿dónde vive** Felipe?
Felipe **vive** en Bilbao.

## E 🎧 Mira las fotos. Escucha y lee.

¿Cómo **se llama**?
**¿Se llama** Cristian?
**¿Se llama** Alejandro?
¿Dónde **vive**?

**Se llama** Alejandro.
No, **se llama** Alejandro.
Sí, **se llama** Alejandro.
**Vive** en Madrid.

¿Cómo **se llama**?
**¿Se llama** Carla?
**¿Se llama** Estefanía?
¿Dónde **vive**?

**Se llama** Estefanía.
No, no **se llama** Carla,
**se llama** Estefanía.
Sí, **se llama** Estefanía.
**Vive** en Cuenca.

## F Oral/escrito

*Ejemplo:* 1 Se llama Manuel. Vive en Sevilla.

1    Me llamo Carmen. Vivo en Madrid.
2    Me llamo Enrique. Vivo en Sevilla.
3    Me llamo Daniel. Vivo en Burgos.
4    Me llamo Susana. Vivo en Madrid.
5    Me llamo Eva. Vivo en La Coruña.
6    Me llamo Javier. Vivo en Alicante.

1    ¿Cómo se llama? ¿Dónde vive?
2    ¿Cómo se llama? ¿Dónde vive?
3    ¿Cómo se llama? ¿Dónde vive?
4    ¿Dónde vive? ¿Cómo se llama?
5    ¿Dónde vive? ¿Cómo se llama?
6    ¿Dónde vive? ¿Cómo se llama?

## Aprende 3 🎧 (6)

### Numbers

| | | | |
|---|---|---|---|
| 1 | uno | 11 | once |
| 2 | dos | 12 | doce |
| 3 | tres | 13 | trece |
| 4 | cuatro | 14 | catorce |
| 5 | cinco | 15 | quince |
| 6 | seis | 16 | dieciséis |
| 7 | siete | 17 | diecisiete |
| 8 | ocho | 18 | dieciocho |
| 9 | nueve | 19 | diecinueve |
| 10 | diez | 20 | veinte |

## G 🎧 Escucha. (7)

Escribe el número que oyes.

*Ejemplo:* a 6

| | | | |
|---|---|---|---|
| **a)** | 5 | 6 | 12 |
| **b)** | 17 | 7 | 10 |
| **c)** | 2 | 12 | 8 |
| **d)** | 11 | 9 | 20 |
| **e)** | 14 | 15 | 4 |
| **f)** | 15 | 6 | 16 |

## Aprende 4 🎧

¿Cuántos años tienes? Tengo catorce años.

¿Cuántos años tiene Alejandro? Tiene quince años.

¿Estefanía tiene quince años? No, Estefanía tiene dieciséis años.

## H 🎧 Oral. ¡Juega – tres preguntas, tres puntos!

Con tu compañero/a. Decide en secreto cuántos años tienes. Tu compañero/a pregunta **tres** veces para adivinarlo.

A: ¿Tienes catorce años?

B: No, no tengo catorce años.

A: ¿Tienes veinte años?

B: No, no tengo veinte años.

A: ¿Tienes dieciséis años?

B: No, no tengo dieciséis años.

A: ¿Cuántos años tienes?

B: Tengo diecinueve años.

¡Hola! ¿Cómo estás? Soy Ricardo Cubells Garrido, vivo en Cuenca, en España, y tengo 16 años.

¡Hola! mi nombre es Susana tengo catorce años y vivo en Madrid.

Colegio Central Santa María
Calle Correos 17, Santiago de Compostela.
0034 981 234786

## FAX

| | | | |
|---|---|---|---|
| A: | **Profesor Michael Green** | De: | **Profesora María del Carmen Comensal** |
| Fax: | **00 44 208 202 0731** | Páginas: | **1** |
| Tel: | | Fecha: | **28 Octubre, 2004** |
| Re: | **Intercambios** | CC: | **Directora** |
| ❏ Urgente | | | |

| Nombre: | Carla | Saulo | Ignacio |
|---|---|---|---|
| Apellidos: | Justo Serrano | Torrado Morado | Castro González |
| Edad: | 13 | 12 | 14 |
| Ciudad: | Vigo | Santiago | La Coruña |

## ■ Contesta.

1 ¿Se llama Cristian Chinarro Durán?
2 ¿Tiene catorce años?
3 ¿Vive en Ecuador?

4 ¿Se llama Ricardo?
5 ¿Tiene dieciocho años?
6 ¿Vive en España?

7 ¿Se llama Estefanía?
8 ¿Tiene quince años?
9 ¿Vive en la capital de España?
10 ¿Vive en Cuenca?

LdeE 1, 2, 3, 4, 5

## J 🎧 Lee y escucha.

### La familia de Carmen

¡Hola! Me llamo Carmen. Tengo catorce años.

Vivo con mi familia en Santiago de Compostela, en Galicia.

Mi padre se llama Juan y mi madre se llama Yolanda.

Mi hermano Saulo tiene doce años.

Tengo un tío, una tía y dos primos en Cuenca. También tengo dos tías y un primo en Londres y una tía en Burgos.

Tengo una abuela en Sevilla y un abuelo y una abuela en La Coruña. Tengo amigos y amigas en Alicante, en Barcelona, en Bilbao y en Valencia.

Burgos

Seville

Alicante

Barcelona

Bilbao

Valencia

---

### Aprende 5 🎧

**A or An    The indefinite article**

| Masculino | **un** tío | **un** hermano |
| Femenino | **una** tía | **una** hermana |

### Aprende 6 🎧

Saulo tiene una hermana. No tiene hermanos.
¿Tienes tíos?
Sí, tengo un tío.
¿Tienes tíos?
No, no tengo.

## K Escribe *un* o *una*.

*Ejemplo:*  tío - **un** tío    tía - **una** tía

1  amigo
2  amiga
3  madre
4  padre
5  abuelo
6  hermano
7  abuela
8  hermana
9  primo
10  prima

## L (a) Contesta a las preguntas.

Preguntas a Carmen.

*Ejemplo:*    Carmen, ¿tienes hermanas?
              No, no tengo hermanas, tengo un hermano.

1  ¿Tienes tíos en Madrid?
2  ¿Tienes primos en Londres?
3  ¿Tienes abuelos en Barcelona?
4  ¿Tienes un tío y una tía en Cuenca?
5  ¿Tienes amigos en Valencia?

## L (b) ¿Verdadero o falso?

Escribe 'V' o 'F'.

1  Carmen tiene quince años.
2  Tiene un hermano.
3  Tiene dos abuelos en Sevilla.
4  No tiene tíos en Cuenca.
5  Saulo tiene doce años.

6  Tiene dos primos en España.
7  No tiene primos en Londres.
8  Tiene dos abuelos en La Coruña.
9  Vive en Santiago.
10  Tiene amigos en Londres.

## M 🎧 Empareja las preguntas con las respuestas.

Escucha para comprobar.

1  ¿Cómo te llamas?
2  ¿Vives en Inglaterra?
3  ¿Cuántos años tienes?
4  ¿Tienes hermanos?
5  ¿Cómo se llama tu hermana?
6  ¿Tu hermana vive en España?
7  ¿Tienes tíos?
8  ¿Tienes abuelos?
9  ¿Tienes primos?
10  ¿Tienes amigos?

a)  Sí, tengo un abuelo y dos abuelas.
b)  Hermanos, no. Tengo una hermana.
c)  Se llama Carla.
d)  No, vive en Londres, en Inglaterra.
e)  Me llamo Sara.
f)  Sí, tengo dos tíos y tres tías.
g)  No, no tengo.
h)  No, no tengo amigos.
i)  No, vivo en Madrid.
j)  Tengo quince años.

## N Oral/escrito

(a)  Haz preguntas para informarte sobre la familia de tu compañero/a.

(b)  Escribe frases para describir a la familia.

*Ejemplo:*  ¿Cuántos hermanos tienes, Martin?
   Tengo un hermano – no tengo hermanas.
   Y ¿cuántos tíos tienes?
   Tengo dos tíos y una tía.

*Martin tiene un hermano, dos tíos y una tía.*

## O (a) Escribe las siguientes palabras en plural.

1  el hermano
2  el profesor
3  el estudiante
4  el alumno
5  la sobrina

6  la tortuga
7  el perro
8  el padre
9  la oficina
10  la capital

### Aprende 7 🎧

**The definite article**
el – los    la – las

**Nouns**

| singular | plural |
| --- | --- |
| **el** hermano | **los** hermanos (**+s**) |
| **la** hermana | **las** hermanas (**+s**) |
| **la** madre | **las** madres (**+s**) |
| **el** padre | **los** padres (**+s**) |

*but*

| **la** capital | **las** capitales (**+es**) |
| --- | --- |
| **el** profesor | **los** profesores (**+es**) |
| la pared | las paredes (**+es**) |
| el reloj | los relojes (**+es**) |
| el tren | los trenes (**+es**) |
| el rey | los reyes (**+es**) |

## O (b) Escribe los plurales.

1  el reloj    2  el año    3  la hermana    4  la prima    5  la ciudad    6  el profesor

## Aprende 8 🎧

### 'My' – mi, mis

mi tío – mis tíos          mi tía – mis tías
mi abuelo – mis abuelos    mi abuela – mis abuelas

### *But*

mi padre y mi madre = mis padres
mi hermano y mi hermana = mis hermanos
mi abuelo y mi abuela = mis abuelos

*Con **mi** hermano y **mis** abuelos*

## P Escribe *mi* o *mis*.

*Ejemplo:*  tío – **mi** tío
            tías – **mis** tías

| | | | |
|---|---|---|---|
| **1** | abuelos | **6** | amigas |
| **2** | amigos | **7** | abuela |
| **3** | hermana | **8** | primos |
| **4** | primo | **9** | madre |
| **5** | padres | **10** | tíos |

## R Oral/escrito

A:   La familia A es tu familia. Decide ¿quién es quien?
B:   La familia B es tu familia. Decide ¿quién es quien?

**Haz preguntas sobre la familia de tu compañero/a.**

¿Quién es? ¿Es tu madre?

**Describe a la familia de tu compañero/a.**

Lisa tiene a un tío, dos tías y cinco primos – tres primas y dos primos.

## Q 🎧 Ordena la conversación.

Escucha para verificar.

¡Hola!

¿Cómo te llamas?

Me llamo Noelia.

¿Dónde vives?

No, vivo con mis padres.

¿Vives con tus abuelos?

Vivo en Madrid.

¡Hola!

¿Tienes hermanos?

¿Cuántos años tienes?

Adiós.

Tengo catorce años.

Sí, tengo dos hermanos.

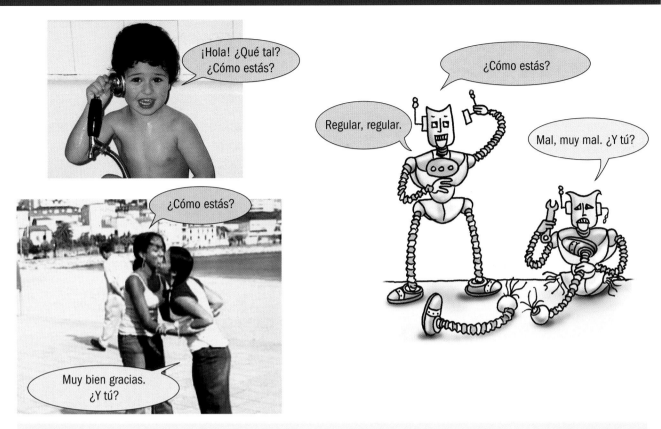

## Aprende 9 🎧

### Greetings

**Escucha y lee.**

¡Hola!

Buenos días.  Buenas tardes.  Buenas noches.

¿Qué tal?  Muy bien, gracias.

¿Cómo estás?  Bien gracias. ¿Y tú?  Regular. (No muy bien.)  Mal, muy mal.

¿Estás bien?  Sí, muy bien, gracias.

Bueno, adiós.  Adiós, hasta luego.

Venga, buenas noches.  Buenas noches. Hasta mañana.

## S Oral. Con tu compañero/a

Responde.

1   Buenos días.
2   Buenas tardes.
3   ¿Cómo estás?
4   ¿Estás bien?
5   Hasta luego.
6   Buenas noches.

**LdeE 6, 7, 8**

## Aprende 10 🎧

### Numbers

| | | | |
|---|---|---|---|
| **20** veinte | **30** treinta | **49** cuarenta y nueve | **100** cien |
| **21** veintiuno | **31** treinta **y** uno | **50** cincuenta | **101** ciento uno |
| **22** veintidós | **32** treinta **y** dos | **51** cincuenta y uno | **102** ciento dos |
| **23** veintitrés | **33** treinta **y** tres | **57** cincuenta y siete | **128** ciento veintiocho |
| **24** veinticuatro | **40** cuarenta | **58** cincuenta y ocho | **149** ciento cuarenta y nueve |
| **25** veinticinco | **42** cuarenta y dos | **60** sesenta | |
| **26** veintiséis | **43** cuarenta y tres | **61** sesenta y uno | |
| **27** veintisiete | **45** cuarenta y cinco | **70** setenta | |
| **28** veintiocho | **46** cuarenta y seis | **80** ochenta | |
| **29** veintinueve | **48** cuarenta y ocho | **90** noventa | |

## **T** Escribe los números.

1 quince
2 treinta y nueve
3 cuarenta y tres
4 cincuenta y cuatro
5 sesenta y siete
6 setenta y ocho
7 ochenta y dos
8 noventa y seis
9 ciento once
10 ciento cuarenta y ocho
11 ciento sesenta y cinco
12 ciento setenta y siete
13 ciento ochenta y dos
14 ciento noventa y uno
15 ciento veinte
16 ciento cincuenta y nueve

## Aprende 11 🎧

### Months and birthdays

| | |
|---|---|
| enero | julio |
| febrero | agosto |
| marzo | septiembre |
| abril | octubre |
| mayo | noviembre |
| junio | diciembre |

¿Cuándo es tu cumpleaños?
Es el veintidós de abril.

## Días festivos de España

Feria de 10 al 19 de Agosto
Málaga

| | |
|---|---|
| Nochevieja | 31 diciembre |
| Año Nuevo | 1 enero |
| Reyes | 6 enero |
| San José | 19 marzo |
| Día del Trabajo | 1 mayo |
| Asunción | 15 agosto |
| Virgen del Pilar/Día de la Hispanidad | 12 octubre |
| Todos los Santos | 1 noviembre |
| Día de la Constitución | 6 diciembre |
| La Inmaculada | 8 diciembre |
| Nochebuena | 24 diciembre |
| Día de Navidad | 25 diciembre |

**Semana Santa**
Jueves Santo
Viernes Santo
Lunes de Pascua

## Aprende 12 🎧

### Days of the week

**Escucha y lee.**

¿Qué día es hoy? – Hoy es martes.
¿Hoy es lunes? – No, hoy es martes.
¿Qué fecha es hoy? – Hoy es el uno de octubre.
¿Qué fecha es hoy? – Hoy es el primero de octubre.

### Octubre

| lunes | martes | miércoles | jueves | viernes | sábado | domingo |
|---|---|---|---|---|---|---|
| | ① | 2 | 3 | 4 | 5 | 6 |
| 7 | 8 | 9 | 10 | 11 | 12 | 13 |
| 14 | 15 | 16 | 17 | 18 | 19 | 20 |
| 21 | 22 | 23 | 24 | 25 | 26 | 27 |
| 28 | 29 | 30 | 31 | | | |

El 12 de octubre es muy importante para los hispanos. Es el día de la Hispanidad. En España, Latinoamérica y los Estados Unidos, donde viven 40 millones de hispanos, los hispanohablantes celebran con desfiles, música y bailes el descubrimiento de América por Cristóbal Colón.

## U ¿Verdadero o falso?

Escribe 'V' or 'F'.

1   El catorce de octubre es lunes.
2   El cinco de octubre es domingo.
3   El veintitrés de octubre es jueves.
4   El doce de octubre es sábado.
5   El dieciocho de octubre es martes.

## V Oral/escrito

Contesta a las preguntas.

*Ejemplo:  ¿Qué día es el diecisiete de octubre? –*
*El diecisiete de octubre es jueves.*

1   ¿Qué día es el veintinueve de octubre?
2   ¿Qué día es el dos de octubre?
3   ¿Qué día es el trece de octubre?
4   ¿Qué día es el once de octubre?
5   ¿Qué día es el veintiuno de octubre?

## Todos amigos

Soy **Ricardo Cubells Garrido**. Tengo 16 años. Mi cumpleaños es el 27 de octubre y vivo en Cuenca en España. Vivo con mis padres.

Yo me llamo **Alejandro Chinarro Sánchez**, tengo quince años y mi cumpleaños es el diez de septiembre. Pues actualmente vivo con mis padres y con mis hermanos. Tengo dos hermanos, uno mellizo mío y otro pequeño de trece años.

Me llamo **Cristian Bermeo Durán**. Mi cumpleaños es el seis de septiembre. Soy de Ecuador pero vivo aquí en Madrid. Vivo con mi padre, mi madre y mi hermana.

¿Cuándo es tu cumpleaños Saulo?

Mi cumpleaños es el dieciocho de julio.

*Cristian*

*Elena*

Me llamo **Elena Pradell Huete**. Vivo en Cuenca. Tengo dieciséis años y mi cumpleaños es el dos de febrero. Tengo un hermano.

Mi nombre es **Alba Peñelas Cañas**. Vivo en Cuenca. Mi cumpleaños es el diecisiete de octubre.

Hola, soy **Sara Santana Morillas**. Tengo 16 años y mi cumpleaños es el 14 de noviembre. Vivo en España, en Madrid.

*Alba*

*Sara*

Me llamo **Estefanía Prior Cano**. Tengo 16 años. Mi cumpleaños es el 22 de noviembre. Y vivo en mi casa con mis padres y mis hermanos.

## W Contesta a las preguntas.

1 ¿Quién vive en Cuenca y tiene un hermano?
2 ¿Quién cumple años en octubre?
3 ¿Quién tiene dos hermanos?
4 ¿Quién vive en Madrid y tiene dieciséis años?
5 ¿Quién cumple años en septiembre y tiene quince anos?
6 ¿Qué chico vive en Madrid?

### Aprende 13 🎧
**The Spanish alphabet**

a  b  c  d  e  f  g  h  i  j  k  l
m  n  ñ  o  p  q  r  s  t  u  v  w
x  y  z

## X 🎧 Deletrea las palabras de la lista.

Escucha la grabación para comprobar.

Carmen    Saulo    familia    noviembre    vivo    Madrid    Sevilla

**LdeE 9, 10, 11, 12**

# Rompecabezas ★★★

## Y (a) Lee y contesta.

Me llamo David. Tengo un hermano y dos hermanas y vivo con mi madre. Mi madre tiene un hermano, Enrique, y una hermana, Rebeca. La madre de mi tío Enrique se llama Clara.

1   ¿Cómo se llama mi abuela?
2   ¿Cómo se llama mi tía?

## Y (b) Lee.

Mi hermano Daniel tiene ocho años. Yo tengo diecinueve y mis hermanas Miriam y Teresa, dieciséis.

### ¿Verdadero (V) o falso (F)?

3   Teresa tiene dos hermanos.
4   David tiene diecinueve anos.
5   Daniel tiene tres hermanas.
6   David no tiene abuela.

## Y (d) Corrige los totales.

1   Ocho y ocho son diecisiete.
2   Seis y tres son ocho.
3   Cinco y once y tres son trece.
4   Seis y siete son diecinueve.
5   Nueve y cinco y tres son dieciséis.

## Y (c) Escribe en el orden correcto.

1   ¿te cómo llamas?
2   en vivo Barcelona.
3   hermanos tres tengo.
4   no años tengo once.
5   es 12 el mi cumpleaños agosto de
6   mi tiene hermanos padre no.
7   ¿tienes años cuántos?
8   abuelo y tengo en una Perú un abuela.

## Y (e) Anota.

¿Qué palabra no pertenece al grupo?

| 1 | enero | marzo | jueves | septiembre |
|---|---|---|---|---|
| 2 | España | Bolivia | Argentina | Inglaterra |
| 3 | veinte | media | doce | seis |
| 4 | amigo | padre | abuelo | primo |
| 5 | lunes | perro | domingo | viernes |

## Z (a) Dibuja.

Dibuja el 'árbol de familia' de Ernesto.

*Me llamo Ernesto y tengo una familia bastante grande. Mi padre se llama Julián y mi madre Carlota. Los padres de mi madre son Concepción y Juan José y los de mi padre son Elvira y Pablo. Mi padre tiene una hermana, Cristina, que tiene dos hijos gemelos, Samuel y Mateo. Su marido, Francisco, es mi tío político. Sergio, Inmaculada y Patricia son los hermanos de mi madre. Mi tío es soltero, pero mis tías están casadas con Enrique – dos Enriques diferentes. Mi tía Patricia no tiene hijos, pero tengo tres primos: Ernesto, Andrés y Rafael, y dos primas: Sandra y Luisa. ¡Ah, sí! Y tengo una hermana que se llama Carolina.*

## Z (b) ¿Verdadero o falso?

1   Ernesto tiene ocho primos.
2   Julián tiene una hermana.
3   Rafael tiene dos hermanas.
4   Sandra tiene un abuelo que se llama Pablo.
5   Inmaculada tiene dos hermanas y un hermano.
6   Julián es soltero.
7   Juan José tiene cinco nietos.
8   Carolina tiene tres tías.

## Mi colegio

### ¿Cómo te llamas y qué asignaturas prefieres?

Me llamo **Iván Vilares**. Mis asignaturas favoritas son inglés y matemáticas. No me gusta la biología.

Me llamo **Cristina Quicios**. No me gusta nada las matemáticas porque no me gusta el profesor de matemáticas. Me gusta la biología, la física y la química.

*Ricardo*

Me llamo **Estefanía Prior Cano**. Mi colegio está en Cuenca. Estudio muchas asignaturas: matemáticas, biología, física, química, informática, los idiomas inglés y francés… Mis asignaturas favoritas son la educación física y las matemáticas.

Hola, soy **David Lara**. En el colegio me gustan mucho las ciencias: la física, la química y la biología. También me gustan la historia y el inglés.

Soy **Ricardo Cubells Garrido**. Bueno, no me gusta el colegio. Sólo me gusta la informática. No me gusta nada más.

*Estefanía*

Me llamo **Silvia Zeballos**. Mis asignaturas favoritas son la lengua y la historia. No me gustan las ciencias (¡son difíciles!)

Me llamo **Sara Santana Morillas**. Mi instituto está en Madrid y se llama 'Isabel la Católica'. Mis asignaturas favoritas son la música y el arte, y no me gustan las ciencias, las matemáticas…

Soy **Alba Peñelas Cañas**. Tengo ocho asignaturas. Me gusta bastante mi instituto; tengo buenos profesores y buenos compañeros. Me gustan mucho la geografía, la lengua y el inglés.

Soy **Cristian Bermeo Durán**. En el colegio no me gustan las ciencias. Prefiero la gimnasia o educación física y la lengua española.

*Alba*

## Aprende 14 🎧

### Me gusta/Me gustan

**Me gusta** = *I like, plus singular noun or activity.*
Me gusta (el) inglés. = *I like English.*
Me gusta estudiar. = *I like studying (to study).*
No me gusta (la) geografía. = *I don't like Geography.*

### But

Me gusta**n** = *I like, plus more than one noun or activity.*
Me gustan las matemáticas. = *I like Maths.*
Me gusta**n** inglés y francés. = *I like English and French.*

LdeE 1, 2, 3

## A 🎧 Escucha las entrevistas y lee los textos.

Escribe en español.

1  my favourite subjects
2  I like Biology
3  I don't like Chemistry
4  Maths and Science are difficult
5  I love ICT
6  I like Spanish and Geography
7  I don't like Sciences

## Aprende 15 (a)

**¿Qué hora es?**

 Son las dos.

 Son las nueve.

 Son las once.

 Son las doce y media.

 Son las diez y media.

 Son las seis y media.

***But***

**Es la** una.          **Es la** una y media.

## Aprende 15 (b)

**More about times**

 Son las tres **y** cuarto.

 Son las siete **y** cuarto.

 **Es la** una **y** cuarto.

 Son las ocho **menos** cuarto.

 Son las nueve **menos** cuarto.

 **Es la** una **menos** cuarto.

 Son las cuatro **y** cinco.

 **Es la** una **y** diez.

 Son las once **y** veinticinco.

 Son las once **menos** veinte.

 Son las cinco **menos** diez.

Son las doce de la mañana. – **Es mediodía**.          Son las doce de la noche. – **Es medianoche**.

## B ¿Qué hora es? Traduce.

1  Four o'clock
2  Half past two
3  Quarter past eleven
4  Nine o'clock
5  Quarter past one

6  Three o'clock
7  Half past six
8  Quarter past five
9  Eight o'clock
10 Half past seven

## C 🎧 Escucha la grabación.

Identifica las imágenes del ejercicio B.

### Aprende 16 🎧

de + la/los/las = de la, de los, de las
de + el = del

*Los abuelos **de los** niños*

*Los loros **de la** familia*

*Una foto **de las** amigas **de** Carmen*

*El perro **del** hermano*

*son las nueve **de la mañana***

*son las dos **de la tarde***

*son las diez **de la noche***

*son las cuatro **de la madrugada***

## D Rellena con de, del, de la, de los, de las.

1  el abuelo _____ chicos
2  la hermana _____ Cristina
3  el padre _____ amigas
4  el ordenador _____ hermano

5  el robot _____ Saulo
6  el hospital _____ ciudad
7  Son las ocho _____ mañana.
8  Son las tres _____ tarde.

Hola Saulo:

¿Cómo estás? Ahora vivo en Londres y el curso comienza mañana.

Aquí te adjunto el horario de mi colegio nuevo en Londres.

Hay muchas clases y muchas materias. Prefiero el miércoles porque hay dos clases de deportes por la tarde.

Y tu horario, ¿cómo es?

Escribe pronto.

Alberto

*La clase de arte*
*Chicas en uniforme*

|  | Lunes | Martes | Miércoles | Jueves | Viernes |
|---|---|---|---|---|---|
| **9.00** | Inglés | Inglés | Literatura | Biología | Tecnología |
| **9.50** | Religión | Geografía | Español | Biología | Tecnología |
| **10.40** | Matemáticas | Francés | Matemáticas | Inglés | Español |
| **11.30** | *RECREO* | | | | |
| **11.50** | Francés | Matemáticas | Historia | Francés | Matemáticas |
| **1.00** | *COMIDA* | | | | |
| **1.30** | Historia | Física | Química | Geografía | Religión |
| **2.20** | Español | Física | Deportes | Historia | Inglés |
| **3.00–4.10** | Español | Informática | Deportes | Diseño | Informática |

*Me gusta la geografía*

## E ¿Qué/Cuándo/Cuántas?

Escoge.

| | | |
|---|---|---|
| 1 | ¿Cuándo hay clases de física? | los lunes/los martes |
| 2 | ¿Cuántas clases de inglés hay por semana? | cuatro/cinco |
| 3 | ¿Hay clases de química los jueves? | sí/no |
| 4 | ¿Qué clase tiene Alberto los jueves a la una y media? | religión/geografía |
| 5 | ¿Cuándo tiene clase de diseño? | los jueves a las tres/los martes a las tres |
| 6 | ¿Cuántas clases de informática hay por semana? | dos/tres |
| 7 | ¿Qué clase prefiere Alberto? | deportes/informática |
| 8 | ¿Qué día prefiere Alberto? | martes/miércoles |

## F Contesta en español.

*Ejemplo:* ¿A qué hora tiene Alberto clase de física los martes? A la una y media.

1 ¿A qué hora tiene Alberto clase de inglés los lunes?
2 ¿A qué hora tiene Alberto clase de geografía los martes?
3 ¿A qué hora tiene Alberto clase de historia los miércoles?
4 ¿A qué hora tiene Alberto clase de diseño los jueves?
5 ¿A qué hora tiene Alberto clase de inglés los viernes?

## G 🎧 Escucha la grabación.

Mira el horario y escribe las asignaturas.
*Ejemplo:* 1 francés.

## H Oral/escrito

**Tú y tu horario.**

Contesta en español.

1 ¿Cuándo tienes clase de inglés?
2 ¿Tienes clases de informática los viernes?
3 ¿Qué clase tienes los jueves a las dos?
4 ¿Cuándo tienes clase de diseño?
5 ¿Cuántas clases de inglés hay por semana?
6 ¿Qué día prefieres?
7 ¿Qué materia prefieres?
8 ¿Qué día **no** te gusta?

LdeE 4, 5, 6, 7, 8, 9 ▶

Querido Alberto:

Estoy muy bien. ¿Qué tal tú en tu colegio nuevo? Me gusta mucho el horario del colegio inglés pero prefiero el español, porque las clases terminan a las tres. También estudio en un colegio nuevo pero el uniforme es obligatorio.

No es un colegio mixto pero tengo muchos amigos. No todos los chicos son simpáticos y los profesores son muy severos.

¿Cómo es tu casa o tu piso en Londres?

Recuerdos a tu hermana, a tus hermanos y a tus padres.

Hasta pronto,

Saulo

*Chicos en uniforme*

## Aprende 17 🎧

|  |  | **Estar** |
|---|---|---|
| ☺ | (yo) | estoy |
| →😮 | (tú) | estás |
| 🧍🧍 | (él/ella/Vd.) | está |
| ☺☺ | nosotros/as | estamos |
| →😮 | vosotros/as | estáis |
| 🧍🧍🧍🧍 | (ellos/ellas/Vds.) | están |

## ▌ Contesta en inglés.

1 How do we know that Alberto has recently moved to London?
2 Why does Saulo prefer his own timetable?
3 Mention three things that Saulo may not like about his new school.
4 What else would Saulo like to know about Alberto?
5 How do we know that Alberto did not emigrate on his own to London?

## J  ¿Verdadero o falso?

1  Londres está en Inglaterra.
2  Madrid y Barcelona están en Francia.
3  Estamos en la clase de portugués.
4  Mi padre está en el colegio.
5  Estoy en la clase de español.
6  Tú estás en la cocina.

## K  Escoge las partes adecuadas del verbo *estar* y escríbelas.

Escucha la grabación para comprobar tus respuestas.

**estoy** *I am*          **estamos** *we are*
**estás** *you* (sing) *are*   **estáis** *you* (pl) *are*
**está** *he/she/it is*      **están** *they are*

1  ¿Estás en Madrid?              No, _____ en Málaga.
2  ¿Dónde están los chicos?       _____ en Zaragoza.
3  ¿Dónde está la Alhambra?       _____ en Granada.
4  ¿Estamos en Málaga, Saulo?     No, _____ en Córdoba.
5  Señor, ¿estamos en Málaga?     No, _____ en Sevilla.
6  Mamá, mamá, ¿dónde estoy?      _____ en cama. Son las tres de la madrugada.

## MI CASA

### L 🎧 Escucha la grabación.

Identifica el español correcto para:

1 downstairs
2 there is/there are
3 four floors
4 quite big
5 quite small
6 very big

**Iván Vilares:** Vivo en el segundo piso. Mi casa tiene un comedor, cinco habitaciones, dos cuartos de baño, un salón y la cocina. Abajo en el jardín hay una piscina y garaje.

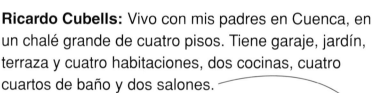

**Cristina Quicios:** Mi casa tiene dos pisos. Abajo está la cocina, un pasillo, un servicio y el cuarto de estar. Arriba están las habitaciones y un cuarto de baño.

**Ricardo Cubells:** Vivo con mis padres en Cuenca, en un chalé grande de cuatro pisos. Tiene garaje, jardín, terraza y cuatro habitaciones, dos cocinas, cuatro cuartos de baño y dos salones.

**Miguel Martínez:** Pues mi piso es pequeño, tiene tres dormitorios, la cocina, el cuarto de estar, el cuarto de baño y una terraza pequeña.

**Silvia Zeballos:** Vivo en el cuarto piso. Mi casa es bastante grande porque tengo muchos hermanos.

**Susana González:** Mi casa es bastante pequeña. Hay una cocina, un cuarto de baño, dos habitaciones y un salón pequeño.

**Ismael Montero:** Vivo en el primer piso. Está la cocina, mi habitación, con muchas cosas de fútbol, la habitación de mis hermanas y la habitación de mis padres, que es muy grande, el cuarto de baño y el comedor con una terraza.

**Aprende 18** 🎧
### Ordinal numbers

| | | | |
|---|---|---|---|
| (el) primero | → 1º | (el) quinto | 5º |
| (la) primera | → 1ª | (el) sexto | 6º |
| (el) primer (+ noun) | → 1er | (la) sexta | 6ª |
| (el) segundo | 2º | (el) séptimo | 7º |
| (la) segunda | 2ª | (la) séptima | 7ª |
| (el) tercero | 3º | (el) octavo | 8º |
| (la) tercera | 3ª | (la) octava | 8ª |
| (el) tercer (+ noun) | 3er | (el) noveno | 9º |
| (el) cuarto | 4º | (la) novena | 9ª |
| (la) cuarta | 4ª | (la) décima | 10ª |
| (la) quinta | 5ª | (el) décimo | 10º |

*Saulo es **el** prime**ro** de la clase*

*Saulo es **el** primer chico de la cola*

## M Oral/escrito

Escoge.

1 Enero es el (primer/primero) mes del año.
2 El miércoles es el (tercer/tercero) día de la semana.
3 Barcelona es la (segundo/segunda) ciudad de España.
4 Octubre es el (décimo/décima) mes del año.
5 Me llamo Ana. Tengo tres hermanas mayores. Soy la (cuarto/cuarta).
6 Me llamo José. Tengo dos hermanos mayores. Soy el (tercer/tercero).
7 Somos tres hermanos y una hermana. Soy el (tercer/tercero) hijo.
8 Junio es el (sexto/sexta) mes del año.
9 Juanito es el (primer/primero) y Juanita es la (quinto/quinta).
10 Pepe es el (noveno/novena) de la clase.

## N 🎧 Escucha y rellena.

1 Lives in a _____; does not live in a _____.
2 Lives on the _____ floor; cousins live on the _____.
3 There are _____ bedrooms and a _____.
4 There is no _____, but there is a _____.
5 Lives with _____ and _____.
6 Upstairs there is a _____, two _____ and a _____, _____, _____; no _____.
7 Lives on the _____ floor; has _____.
8 Family on the _____ floor has two _____.

**LdeE 16, 17**

## Aprende 19 🎧

### There is/there are

**Escucha y lee.**

**Hay/está/están**

| hay | **there** is/**there** are |
|---|---|
| están | **they** are |
| está | he/she/it is |

¿Cuántos chicos hay?

*Hay un**o***

*Hay dos*

*Hay much**os***

¿Cuántas chicas hay?

*Hay un**a***

*Hay dos*

*Hay much**as***

¿Cuántas habitaciones hay?

*Hay un**a***

*Hay dos*

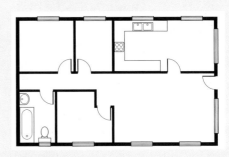

*Hay much**as***

## O ¿Cuántos? ¿Cuántas?

Une los dibujos con las descripciones.

**a)**  hay una chica
**b)**  hay seis chicas
**c)**  hay seis chicos
**d)**  hay un parque
**e)**  hay un chico
**f)**  hay dos bares
**g)**  hay muchos chicos
**h)**  hay muchas chicas
**i)**  hay cinco chicas y cuatro chicos

## P 🎧 Escucha e identifica los dibujos del ejercicio O.

*Ejemplo:* 1e

Es lunes 8 de enero en La Coruña. Son las siete de la mañana y David está en su habitación. En la habitación David tiene una cama, una mesa con sus libros, las llaves de la casa y una fotografía de su familia. En la foto hay cinco personas: David, sus dos hermanas, un hermano y su madre. David no tiene padre. Su madre no está en casa; a las cuatro de la madrugada está en la carnicería del Sr. Gutiérrez. Sus hermanas están en cama, en su habitación, pero su hermano, Daniel, que tiene ocho años, no está en su habitación. ¿Dónde está Daniel? No está ni en la cocina ni en el cuarto de baño ni en el jardín. En la puerta de la habitación de David hay una nota.

> Estoy en casa del tío Enrique porque mañana no hay clase.
> Daniel

David está muy enfadado porque el tío Enrique vive en el número noventa y ocho, y David vive en el número dos de la Avenida San José.

*La gran avenida*

*La casa de David*

## Q  Lee y contesta a las preguntas.

1  What is the date in the story?
2  What time is it and where is David?
3  Where are the house keys?
4  What does David have on his bedroom table?
5  Describe the photograph.
6  At what time does David's mother have to be at work?
7  What is Mr Gutiérrez's business?
8  Where has David searched for Daniel?
9  Where has Daniel left the note and what does it say?
10  Is David pleased or angry?

## R  Contesta a las preguntas.

1  ¿Qué día es?
2  ¿Qué hora es?
3  ¿Qué hay en la mesa de la habitación de David?
4  Describe la foto.
5  ¿Dónde están las llaves de la casa?
6  ¿Tiene David padre?
7  ¿Dónde está la madre de David?
8  ¿Dónde están las hermanas de David?
9  ¿Cuántos años tiene Daniel?
10  ¿Está Daniel en la cocina?
11  ¿Dónde está la nota?
12  ¿Dónde está Daniel?
13  ¿Dónde vive el tío Enrique?
14  ¿Está David contento con Daniel?

## S 🎧 Escucha y escoge.

1  a)  Pablo lives in a three-bedroom house.
   b)  Marisa lives in a three-bedroom house.
2  a)  There are two bathrooms on the second floor.
   b)  There are two bathrooms on the first floor.
3  a)  The house has a garden but no swimming pool.
   b)  The house has no garden and no swimming pool.

4  a)  Likes French and Spanish but not English.
   b)  Does not like Spanish but likes French and English.
5  a)  There are four plants in the library.
   b)  The library is on the fourth floor.
6  a)  Chemistry is in Room 26 on the second floor.
   b)  Chemistry is in Room 16 on the third floor.

## T  Oral/escrito

**¡Describe tu casa!**

Choose from the following expressions the ones that best describe your home. Write a paragraph or prepare a spoken presentation.

### ¿Dónde vives?

- Vivo en el primer piso.
- Vivo en el segundo piso.
- Vivo con mis padres, en un chalé grande de cuatro pisos.

### ¿Cómo es tu casa o tu piso? ¿Cuántas plantas? ¿Cuántas habitaciones?

- Mi casa tiene dos plantas.
- Mi casa tiene un comedor, cinco habitaciones, dos cuartos de baño, un salón y la cocina.
- Tiene un garaje, un jardín, una terraza y cuatro habitaciones, dos cocinas, cuatro cuartos de baño y dos salones.
- Tiene tres dormitorios, la cocina, el cuarto de estar, el cuarto de baño y una terraza pequeña.
- Hay una cocina, un cuarto de baño, un aseo, dos habitaciones y un salón pequeño.
- Está la cocina, mi habitación, la habitación de mis hermanas y la habitación de mis padres, el cuarto de baño y el comedor con una terraza.
- Abajo está la cocina, un pasillo, un servicio y el cuarto de estar.
- Arriba están las habitaciones y un cuarto de baño.

### ¿Qué hay en tu habitación?

- En mi habitación hay una cama, una mesa, unos libros, las llaves de la casa, y una fotografía de mi hermana/mi hermano/mis hermanos/mi madre/mi padre/mi familia/mis amigos.

### ¿Hay jardín, piscina y garaje?

- Tengo jardín, pero no tengo piscina. Hay dos garajes.

## U  Contesta en inglés.

*1*

Piso de 3 habitaciones, cocina, salón y cuarto de baño; 530€ por mes; **Tfno. 93 433 3621 (Andrés)**

*3*

Casa: 5 habitaciones, 3 cuartos de baño, salón, comedor, dos aseos, cocina, terraza, jardín y piscina; 700€ por semana; Sr. Carreras. **Tfno. 91 873 4111 Madrid**

*2*

Apartamento; habitación, cocina y cuarto de baño; 100€ por semana; **Tfno. 952 385 3132 (Manuela)**

*4*

Chalé; 2 habitaciones, cocina, salón y baño; 650€ por mes; **Tfno. Móvil: 691 34 3444 Juan P.**

1    What accommodation is advertised for less than 150€ a week?
2    **a)**  Whom would you ring if you wanted to live in the capital?
      **b)**  What accommodation is offered?
3    **a)**  With whom would you speak to rent a chalet?
      **b)**  How would you contact them?
      **c)**  What accommodation is offered?
4    **a)**  Who is advertising a one-bedroomed flat?
      **b)**  What is the rental?
5    What is Andrés offering and what is the rent rate?

LdeE 18, 19, 20

## Viviendas en España

Sevilla desde la Giralda

Madrid Comunidad

Bilbao, arquitectura moderna

Cuenca, Casas colgadas

Algeciras, Costa de la luz

Valencia, Costa Blanca

Barcelona, estilo Gaudí

# Rompecabezas

**V** a b c ch d e f g h i j (k) l ll m n ñ o p q r s t u v (w) x y z  á é í ó ú

Copy the words below adding their missing letter from the alphabet above, using all letters other than K and W.

**Días de la semana**
__unes, __artes, miér__oles, __ueves, __iernes, __ábado, __omingo

**Materias y vocabulario escolar**
__nglés, __eligión, recre__, matem__ticas, __rancés, __istoria, es__añol, educaci__n f__sica, __eografía, informá__ica, literat__ra, __uímica, deport__s, __iología, ingl__s, dise__o, tec__ología, e_celente, pi__arra

**Pronombres**
__o, t__, ell__, e__ __ os,

## W Put these words into the four topic groups.

Some words can be put into two groups if you wish.

### El colegio; El calendario; La casa; La familia

| | | | | |
|---|---|---|---|---|
| geografía | lunes | tío | noviembre | terraza |
| martes | biología | recreo | abuelo | diseño |
| febrero | informática | habitación | enero | jueves |
| hijo único | días laborables | cocina | fin de semana | comedor |
| salón | inglés | prima | química | historia |
| madre | francés | agosto | viernes | |

## X Read the following passage.

¡Hola! Me llamo Manuel. Tengo dieciocho años. Mi familia vive en Managua, la capital de Nicaragua.

En mi familia hay once personas: mis padres, cinco hermanos, tres hermanas y yo. Los fines de semana vivo con mis abuelos y los días laborables vivo en el colegio que está en la capital.

Write *verdadero* or *falso* for each of the following statements.

1  Manuel no tiene dieciocho años.
2  Los lunes Manuel está en Managua.
3  El colegio de Manuel está en Managua.
4  Managua es la capital de Nicaragua.
5  Los sábados Manuel está con sus abuelos.
6  El miércoles es día laborable.
7  En la familia hay seis hijos y cinco hijas.
8  El padre de Manuel vive en el colegio.
9  Manuel no tiene abuelos.
10  El domingo es día laborable.

## Y Buscapalabras. ¿Cuántas hay?

terrazaulasalartenovenoctavochentagostoctubreoncenero.

**Saulo:** En mi pueblo hay colegios, un museo, un estadio y un complejo deportivo. También están el Ayuntamiento y Correos. Hay iglesia pero no hay catedral. Mi tío **trabaja** en el Ayuntamiento y mi tía **pasa** muchas horas en el museo. Mi hermana y yo **paseamos** a veces hasta el castillo.

**Cristian:** Madrid tiene universidades, una plaza de toros, teatros ... Mi madre siempre **compra** la comida en uno de los mercados todos los días.

Mis padres **visitan** las galerías de arte, como El Prado y yo **viajo** mucho porque **colecciono** postales de Paradores. Mi hermano **cuida** un parque por la mañana y **estudia** en la universidad de noche y mi hermana **escucha** música en la radio día y noche.

## Aprende 20 🎧

### Present indicative

### Regular -ar verbs

| | Habl-**ar** |
|---|---|
| (yo) | habl**o** |
| (tú) | habl**as** |
| (él/ella/Vd.) | habl**a** |
| (nosotros/as) | habl**amos** |
| (vosotros/as) | habl**áis** |
| (ellos/ellas/Vds.) | habl**an** |

**Aprende:** trabaj**ar**, pas**ar**, pase**ar**, compr**ar**, visit**ar**, viaj**ar**, coleccion**ar**, cuid**ar**, estudi**ar**, escuch**ar**

## A 🎧 Lee y escucha.

Rellena en tu cuaderno.

1 El hermano de _____ cuida un parque de _____.
2 La _____ de Saulo pasa mucho tiempo en el _____.
3 A veces _____ pasea hasta el _____.
4 Los _____ de _____ _____ El Prado.
5 El _____ de _____ _____ en el Ayuntamiento.
6 En el pueblo de Saulo hay _____ pero _____ hay _____.
7 El hermano de _____ _____ en la universidad de _____.
8 La _____ de _____ _____ música _____ y noche.

## B 🎧 Escucha. ¿Quién habla? Escoge a) o b).

| | | | | |
|---|---|---|---|---|
| 1 | a) La hermana de Saulo | b) La hermana de Cristian |
| 2 | a) Saulo | b) El hermano de Cristian |
| 3 | a) Saulo | b) Cristian |
| 4 | a) La tía de Saulo | b) La hermana de Cristian |
| 5 | a) La madre de Saulo | b) La hermana de Cristian |
| 6 | a) El padre de Saulo | b) El hermano de Cristian |
| 7 | a) La hermana de Saulo | b) Cristian |
| 8 | a) La madre de Cristian | b) La hermana de Cristian |

**LdeE 1, 2, 3, 4** ▶

## Aprende 21 🎧

### The present indicative

### Regular -er and -ir verbs

Vend-**er**

| | |
|---|---|
| (yo) | vend**o** |
| (tú) | vend**es** |
| (él/ella/Vd.) | vend**e** |
| (nosotros/as) | vend**emos** |
| (vosotros/as) | vend**éis** |
| (ellos/ellas/Vds.) | vend**en** |

**Aprende**: aprend**er**, comprend**er**, le**er**, ve**r**, com**er**, beb**er**

Escrib-**ir**

| | |
|---|---|
| (yo) | escrib**o** |
| (tú) | escrib**es** |
| (él/ella) | escrib**e** |
| (nosotros/as) | escrib**imos** |
| (vosotros/as) | escrib**ís** |
| (ellos/ellas/Vds.) | escrib**en** |

**Aprende**: viv**ir**, decid**ir**, recib**ir**, abr**ir**, discut**ir**, sub**ir**, permit**ir**, prohib**ir**

*Diálogo*

**Sebastián:** Marcos, ¿tú trabajas?

**Marcos:** Sí, **vendo** periódicos y revistas en un quiosco. ¿Y tú?

**Sebastián:** Yo, pues **aprendo** catalán en un colegio. ¿Tú **comprendes** el catalán?

**Marcos:** Sí, bastante, porque **leo** mucho en catalán. Mis tíos **viven** en Barcelona. Aquí tengo una revista de Cataluña. **Ves**, la Sagrada Familia.

**Sebastián:** ¿**Recibes** revistas de Barcelona de tus tíos?

**Marcos:** Bueno, **escriben** de vez en cuando y a veces **deciden** enviar revistas de Barcelona.

*Parque Güell, Barcelona*

*Un quiosco en Madrid*

*La Sagrada Familia, Barcelona*

## C (a) Lee el diálogo y contesta en español.

1  ¿Dónde trabaja Marcos?
2  ¿Qué vende?
3  ¿Dónde estudia Sebastián?
4  ¿Qué estudia?
5  ¿Dónde viven los tíos de Marcos?
6  ¿Qué ve Sebastián en la revista?
7  ¿Qué recibe Marcos de sus tíos?
8  ¿Quiénes deciden enviar revistas a veces?

## C (b) Lee el diálogo en voz alta con un compañero/a.

## D 🎧 Escucha e identifica la parte del verbo que utilizan.

| | a) | | b) | |
|---|---|---|---|---|
| 1 | a) | bebo | b) | bebe |
| 2 | a) | aprendemos | b) | aprendéis |
| 3 | a) | permite | b) | permiten |
| 4 | a) | subes | b) | subís |
| 5 | a) | viven | b) | vivo |
| 6 | a) | comprendo | b) | comprende |
| 7 | a) | escribís | b) | escribes |
| 8 | a) | discutes | b) | discutís |
| 9 | a) | venden | b) | vende |
| 10 | a) | come | b) | comes |

## E (a) Rellena los huecos.

Look at *hablar* in Aprende 20 and use it to help you fill in the missing parts of the following verbs.

| comprar | to buy | pagar | to pay |
|---|---|---|---|
| compro | I buy | pago | _____ |
| compras | _____ | _____ | you pay |
| _____ | he/she buys | paga | _____ |
| _____ | we buy | pagamos | _____ |
| _____ | you buy (pl) | pagáis | _____ |
| compran | _____ | _____ | they pay |

## E (b) Elige la traducción adecuada.

1 Escuchamos.    **a)** *They listen.*    **b)** *We listen.*
2 Bajan en el ascensor.    **a)** *They go down in the lift.*    **b)** *I go down in the lift.*
3 Llevo una bufanda.    **a)** *I wear a scarf.*    **b)** *You wear a scarf.*
4 ¿Habláis alemán?    **a)** *Do you speak German?*    **b)** *Do they speak German?*
5 ¿A qué hora llega?    **a)** *At what time does she arrive?*    **b)** *At what time do they arrive?*
6 ¿Preparas las comidas?    **a)** *Do you prepare the meals?*    **b)** *Do they prepare the meals?*

## F Escribe la forma adecuada del verbo.

☺ = yo    ☺☺ = nosotros    →☺ = tú    →☺☺ = vosotros    웃웃웃웃 = ellos, ellas

1 ☺_____ mucho los fines de semana. (*comer*)

2 Mis hermanos no _____ vino tinto. (*beber*)

3 ¿→☺ _____ español en el colegio? (*aprender*)

4 No 웃웃웃웃 _____ las clases de matemáticas. (*comprender*)

5 ¿→☺ _____ en Sevilla o en Córdoba? (*vivir*)

6 Mis abuelos _____ a la oficina en ascensor. (*subir*)

7 El profesor no _____ ruido en la clase. (*permitir*)

8 ☺☺ _____ mucho en casa. (*discutir*)

9 Nunca ☺_____ a mis primos. (*escribir*)

10 Mi carnicero _____ carne de Argentina. (*vender*)

## G Une las preguntas con las respuestas.

Escribe las preguntas y las respuestas.

1 ¿Cómo te llamas?    **a)** No, ahora en Cuenca.
2 ¿Cómo estás?    **b)** En Cuenca.
3 ¿Cuántos años tienes?    **c)** Hoy, bien. El lunes muy mal.
4 ¿Dónde vives?    **d)** No, nueve.
5 ¿Cuántas hermanas tienes?    **e)** Ernesto.
6 ¿Estás bien?    **f)** Sí, gracias, ¿y tú?
7 ¿Tienes ocho años?    **g)** Nueve.
8 ¿Vives en Segovia?    **h)** Soy hijo único.

18 de abril

Querido Ian:

Gracias por tu postal.
Tengo once años y vivo en Andalucía
con mis padres y mi hermano,
Felipe.
Me gustan los deportes pero
no me gusta el colegio.
En la postal ves mi casa y mi colegio.
Un abrazo a tu familia,
y para ti,

Antonio

Ian Bunton
16 Grantham Street
London NW5 6BF
Inglaterra

## H (a) ¿Verdadero o falso?

1  Antonio vive en el sur de España.
2  Antonio vive con tres personas.
3  Ian vive en España.
4  La postal está en inglés.
5  Ian tiene un hermano que se llama Felipe.

## H (b) Escribe una respuesta en inglés

Tell Antonio your name, age and talk about the school subjects you like and dislike.

LdeE 5, 6, 7, 8

# ¡Recuerda!

**de/del/de la**
Isabel – **de** Isabel

el tío – **del** tío
la ventana – **de la** ventana

## ▮ Escoge: *de, del o de la*.

*Ejemplos:*

madre/Pepito = la madre de Pepito

ventanas/museo = las ventanas del Museo del Prado

fantasma/ópera = el fantasma de la ópera

1 amiga/Isabel
2 catedral/Zaragoza
3 puerta/museo
4 llaves/hotel
5 centro/España
6 norte/Austria
7 ventanas/biblioteca
8 bares/ciudad
9 ciudades/Inglaterra
10 hoteles/capital

### Aprende 22 🎧

**Ir a  ¿Adónde vas?**

**Escucha y lee.**

| Madrid | voy **a** Madrid |
| Londres | voy **a** Londres |
| **el** restaurante | voy **al** restaurante |
| **el** colegio | voy **al** colegio |
| **el** cine | voy **al** cine |
| **la** piscina | voy **a la** piscina |
| **la** escuela | voy **a la** escuela |
| **los** toros | voy **a los** toros |
| **las** fiestas | voy **a las** fiestas |

### Aprende 23 🎧

**Ir – present tense**

**Escucha y lee.**

| (yo) | voy |
| (tú) | vas |
| (él/ella/Vd.) | va |
| (nosotros/as) | vamos |
| (vosotros/as) | vais |
| (ellos/ellas/Vds.) | van |

### Aprende 24 🎧

**¿Cómo vas?**

**Escucha y lee.**

| Voy en taxi | Voy en metro |
| Voy en coche | Voy en moto |
| Voy en avión | Voy en bicicleta |
| Voy en tren | Voy **a** pie |
| Voy en autocar | Voy en barco |
| Voy en autobús/bus | |

## J (a) 🎧 Escucha, mira las fotos abajo y escribe los números de las respuestas.

*Ejemplo:* ¿Cómo vas al instituto, Marina?
Voy en autobús.
Respuesta ... Número 5

1 ¿Cómo vas a España, Miguel?
2 ¿Cómo vas al cine, Pedro?
3 ¿Cómo vas a la escuela, Isabel?
4 ¿Cómo vas a Francia, Ana?
5 ¿Cómo vas a la fiesta, Carlos?
6 ¿Cómo vas a la piscina, Pablo?
7 ¿Cómo vas al parque, Teresa?
8 ¿Cómo vas a la playa, Conchita?
9 ¿Cómo vas a Argentina, Javier?
10 ¿Cómo vas al centro de la ciudad, Susana?

## K Oral/escrito

### ¿Adónde vas?

### (a) Haz preguntas y respuestas con tu compañero/a.

*Ejemplo:*

¿Adónde vas?

Voy al aeropuerto.

## J (b) Inventa frases sobre los viajes de estas personas.

*Ejemplo:* Vamos a la fiesta a pie.

1 Mis amigos y yo
2 Antonio
3 Isabel y Conchita
4 Tú y tu compañero
5 Tú y yo
6 Las chicas inglesas

## ¡Recuerda!

voy **a**; voy **a la**; voy **al**; voy **a los**; voy **a las**

### (b) Escribe las respuestas en tu cuaderno.

1 (la discoteca)
2 (Málaga)
3 (el parque)
4 (París)
5 (la comisaría)
6 (la piscina)
7 (España)
8 (la Puerta del Sol)
9 (la agencia de viajes)
10 (el restaurante)
11 (el hotel )
12 (los toros)
13 (el banco)
14 (las rebajas)
15 (la panadería)

1

*en coche*

2

*en metro*

3

*en moto*

4

*en avión*

5

*en autobús*

6

*en taxi*

7

*en tren*

8

*en bicicleta*

9

*a pie*

10

*en autocar*

11

*en barco*

## El Día de Galicia

*Muelle de Porto do Son, Galicia*

Santiago de
Compostela
Pontevedra
Vigo
Orense
Isla de La Toja

| Key | |
|---|---|
| | Galicia |

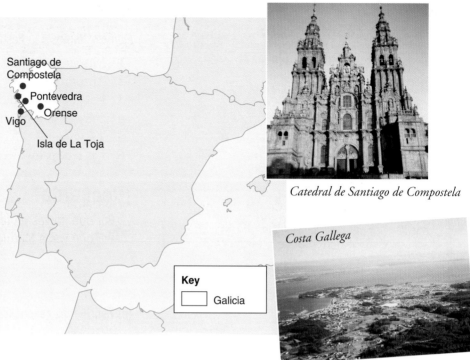

*Catedral de Santiago de Compostela*

*Costa Gallega*

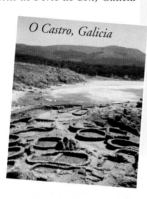

*O Castro, Galicia*

¡Hola! Me llamo Carlos Castro Vázquez y vivo en Vigo, en Galicia.

Tengo 13 años y hablo español, también gallego, pero no muy bien, y tres o cuatro palabras de inglés. Tengo una familia muy numerosa; somos nueve. En casa vivimos mi abuelo, mis padres, mis tres hermanos, dos hermanas, y yo. Hoy es viernes 25 de julio, Día de Galicia. Mis padres no trabajan y tenemos 3 días de vacaciones, hoy viernes, y el fin de semana.

Yo me voy a Orense a casa de mis primos. Mi hermana Sara, la mayor, va por tres días a la isla de La Toja, con dos amigas (posiblemente tres amigos también, no sé). Van en moto. Rubén y Daniel, los gemelos, se van en autocar por el día a Santiago, a la catedral. ¡Qué aburrido! Javi, que tiene veinte años, va en coche con su novia a Pontevedra. Mi abuelo va al polideportivo, a la piscina, aquí en Vigo. Y, Miranda la pequeña, siempre está con mis padres.

> Miranda, ¿adónde vas hoy?

> Pues, voy con mamá y papá a la playa de Bayona.

> ¿Vais en coche?

> No, a pie, está a cien metros.

## Aprende 25

### Irse – to go

| | | |
|---|---|---|
| Voy = *I go (to), I am going (to)* | Me voy = *I'm off* | Me voy (a) = *I am off (to)* |
| Se va (a) = *he/she is off (to)* | Nos vamos (a) = *we are off (to)* | Se van (a) = *they are off (to)* |

## L ¿Quién? ¿Quiénes?

### (a) Contesta a las preguntas.

1 ¿Quién va a casa de sus primos?
2 ¿Quién va a la piscina?
3 ¿Quiénes van a una isla?
4 ¿Quiénes van en coche a Pontevedra?
5 ¿Quiénes van a la playa a pie?
6 ¿Quiénes van a la catedral de Santiago?

### (b) ¿Verdadero (V) o falso(F)?

1 El abuelo va a la piscina en Vigo.
2 Daniel y Rubén van a Santiago en autocar.
3 Carlos va a Orense a casa de sus amigos.
4 El polideportivo está en Santiago.
5 Los padres y la pequeña van a la playa.
6 Hoy es viernes.
7 Van a La Toja por cuatro días.
8 Carlos habla dos idiomas bien.
9 Javi tiene primos en Orense.
10 Miranda es la hermana mayor.

### (c) Oral.

### Inventa tres nuevas preguntas verdadero/falso.

Cambia preguntas con tu compañero/a.

### Aprende 26

| ¿Por qué? | Porque ... |
|---|---|
| ¿Por qué no vas en taxi? | Porque no tengo dinero. |
| ¿Por qué vas a Madrid? | Porque es el cumpleaños de Paco. |
| ¿Por qué no está la abuela aquí? | Porque está enferma. |

## M Lee *El Día de Galicia* otra vez y escoge la respuesta adecuada.

1 *Carlos no habla inglés:*
   a) porque no estudia mucho.
   b) porque solamente habla un idioma.
   c) porque va mucho a casa de sus primos.

2 *La familia Castro Vázquez es numerosa porque:*
   a) el abuelo vive con ellos.
   b) son muchos hijos.
   c) hay muchas habitaciones en casa.

3 *Los padres no trabajan hoy porque:*
   a) es viernes.
   b) es el 25 de julio.
   c) es el fin de semana.

4 *Posiblemente van los tres amigos a La Toja con Sara y sus dos amigas porque:*
   a) Sara es la mayor.
   b) van en moto.
   c) así son tres chicos y tres chicas.

5 *Rubén y Daniel van a Santiago porque:*
   a) hay una catedral importante allí.
   b) son gemelos.
   c) no hay catedral en Vigo.

6 *Javi tiene coche porque:*
   a) tiene novia.
   b) tiene veinte años.
   c) va a Pontevedra.

7 *El abuelo va al polideportivo porque:*
   a) hay una piscina allí.
   b) no le gusta nadar.
   c) no tiene novia.

8 *Miranda no va a la isla de la Toja porque:*
   a) tiene cuatro años.
   b) hay una piscina en Vigo.
   c) siempre está con sus padres.

9 *Los padres van a la playa a pie porque:*
   a) Miranda no tiene coche.
   b) no está lejos.
   c) no hay autobuses en Vigo.

10 *Carlos no va a Santiago porque:*
   a) la catedral no es bastante interesante.
   b) Orense es más aburrido.
   c) solamente tiene primos en Orense.

LdeE 9, 10, 11, 12, 13, 14

## Aprende 27 🎧

| | |
|---|---|
| Me gusta el hotel. | ***but*** Me gustan los hoteles. |
| Me gusta la playa. | ***but*** Me gustan las playas. |
| ¿Te gusta el café? Sí, me gusta. | ***but*** ¿Te gustan los tomates? Sí, me gustan. |
| ¿Te gusta la Coca-Cola? No, no me gusta. | ***but*** ¿Te gustan las manzanas? No, no me gustan. |

## N 🎧 Escucha las preguntas y contesta.

*Ejemplo:* 1 Sí, me gusta el fútbol/No, no me gusta el fútbol.

## O Escribe la frase con el infinitivo adecuado.

1 Me encanta _____ con Pepe por teléfono.
2 No me gusta _____ al golf.
3 ¿Te gusta _____ música por la noche?
4 No me interesa _____ fútbol en la tele.
5 ¿Te gusta _____ novelas de ciencia ficción?
6 No me interesa _____ más con Javi.
7 Me encanta _____ de vacaciones con mis primos.
8 Me gusta _____ salsa.
9 No me interesa _____ el piano.
10 No me gusta _____ en piscinas.

## Aprende 28 🎧

### me gusta/me interesa/me encanta + infinitive

Me gusta + nadar
Me interesa + jugar (a)
Me encanta + tocar (un instrumento)
    escuchar música
    charlar
    bailar
    ver la televisión
    leer
    salir
    ir al cine

## Aprende 29 🎧

### ¿Qué haces en tus ratos libres?

| Juego | Practico | Voy | Escucho | Bailo | Leo | Toco | Veo |
|---|---|---|---|---|---|---|---|
| al fútbol | el atletismo | al cine | música | | libros | un instrumento | la televisión |
| al baloncesto | el ciclismo | | la radio | | revistas | la guitarra | vídeos |
| al tenis | el esquí | | | | | el piano | |
| al rugby | la natación | | | | | | |
| al golf | el jogging | | | | | | |
| al squash | | | | | | | |
| al tenis de mesa | | | | | | | |
| a las cartas | | | | | | | |
| al ajedrez | | | | | | | |

## **P** (a) Ordena estas palabras para formar frases.

1  gustan el fútbol los toros me no prefiero y.
2  es mi preferido el pasatiempo golf.
3  odio pero me gustan la moda los deportes.
4  ¿lunes qué los haces?
5  ¿qué por tocas no guitarra la?
6  los hermanos juego baloncesto al mis domingos con.
7  ¿natación te practicar la gusta?
8  cartas son y favoritos a televisión ver mis la jugar pasatiempos las.
9  tenis prefiere mi pero al ciclismo me compañero practicar gusta jugar el

## **P** (b) 🎧 Ahora escucha la grabación para comprobar tus respuestas.

## **Q** Une las expresiones y forma frases.

1  No voy mucho al polideportivo
2  No me interesan los deportes
3  Juego al tenis los domingos
4  Salgo mucho con mis amigas pero
5  No voy a fiestas con mis padres
6  Me gusta la música clásica

a)  pero no me gusta tocar el piano.
b)  porque prefiero ir con mis amigos.
c)  con chicos, sólo a veces.
d)  y a veces los sábados también.
e)  porque no me gustan los deportes.
f)  pero me encanta jugar a las cartas.

¿Qué te gusta hacer en tu tiempo libre?

Bueno, soy colombiano. Prefiero bailar salsa.

Me gusta escuchar música y bailar flamenco, y a ti ¿te gusta el baile típico andaluz?

### Aprende 30 🎧

**Gustar – to like**

| (a mí) | me gusta(n) |
| (a ti) | te gusta(n) |
| (a él) | le gusta(n) |
| (a ella) | le gusta(n) |
| (a nosotros) | nos gusta(n) |
| (a vosotros) | os gusta(n) |
| (a ellos) | les gusta(n) |
| (a ellas) | les gusta(n) |

## **R** (a) Oral. Trabaja en parejas.

A: ¿Te gusta jugar al fútbol?
B: Sí, me gusta mucho/No, no me gusta nada.

**Continúa:**

jugar al tenis, escuchar música clásica, salir con tus padres, bailar flamenco, tocar la guitarra.

## **R** (b) Escrito. Escribe una lista de:

• los pasatiempos que te gustan
• los pasatiempos que no te gustan.

**Sofía**   **Felipe**   **Carolina**   **Pablo**   **Diana**

## S Lee los anuncios.

**¿Quién es:** Sofía, Felipe, Carolina, Pablo o Diana?

*1* Soy un chico andaluz y busco amigos por correspondencia. Tengo 14 años. Los fines de semana en mi tiempo libre me gusta practicar el ciclismo y la equitación. Pero durante la semana no tengo muchos ratos libres, así que escucho música clásica o juego al ajedrez con mi familia.

No me gusta nada jugar con los videojuegos porque no son interactivos y odio ver la televisión.

*2* SOY UNA JOVEN MADRILEÑA Y BUSCO AMIGOS.

Tengo 16 años. Me encanta la lectura, sobre todo libros de ciencia ficción. También me gusta mucho ir al cine. En la televisión sólo me gusta ver las noticias y los documentales sobre la naturaleza. Detesto las discotecas.

*3* Soy una chica mexicana muy moderna. Me encanta ir de compras porque me interesa mucho la moda. Me gusta salir con mis amigos: ir a discotecas, a restaurantes y a bares. También voy muchas veces a los cibercafés. Me encanta el internet. Odio jugar al ajedrez y estar en casa con mi familia.

## T ¿Quién dice o quién piensa?

1 Me encanta la música y la ropa nueva.
2 Durante la semana, paso mis ratos libres en casa.
3 Detesto los juegos de mesa.
4 Siempre veo programas de animales en la tele.
5 Mi pasión es mi caballo.
6 Adolfo Domínguez es mi diseñador de moda favorito.
7 Me gusta practicar el baile tradicional.
8 Todos los domingos voy al fútbol con mi padre.
9 Tengo una bicicleta nueva.
10 Vivo en la capital de España.

## U 🎧 Escucha a los jóvenes españoles.

Nota los deportes que les gusta(n). Escribe las letras.     *Ejemplo:* Silvia: b, e

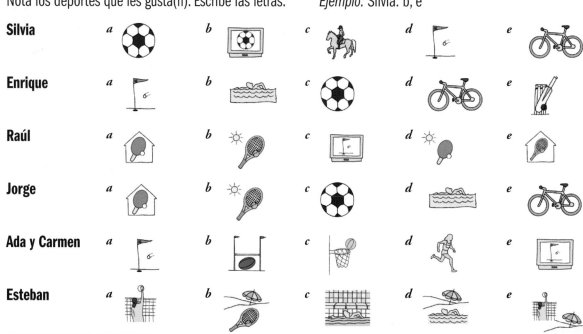

**Silvia** **Enrique** **Raúl** **Jorge** **Ada y Carmen** **Esteban**

**LdeE 15, 16, 17, 18, 19**

# Rompecabezas ★★

## V Con tu compañero/a, mira los dibujos (a) y (b) y pregunta.

(a)  ¿Te gusta el tenis?
¿Vives en Argentina o España?
¿Te gusta el golf?

(b)  ¿Vives en España?
¿Vives en México?
¿Te gusta el tenis?
¿Te gustan los deportes?

## W (a) Rellena la postal con las palabras de la lista.

años    en    Málaga    estás
una    ocho    Escribe

Querido Antonio,
¿Cómo _____?
Tengo once _____ y vivo
en Londres, _____,
Inglaterra. Tengo _____
hermana, Sally, que tiene
_____ años. _____
pronto
Adiós,
Ian

Antonio Pérez Ruiz
C/San Andrés, 24
_____29021
Spain

## W (b) Write a reply to the postcard, inventing details about yourself and your family.

## Y Completa las frases.

| Isabel | : Me gustan | María Pedro | No me gustan | Diana Juan |
| Diana | : Me gustan | Pedro Juan | No me gustan | Isabel María |
| María | : Me gustan | Juan Isabel | No me gustan | Pedro Diana |

a)  _____ no tiene amigas.
b)  Pedro tiene dos amigas, _____ y _____.
c)  Juan tiene dos amigas, _____ y _____.

## X Lee y busca:

**(a)** 'I like Malaga a lot'

| O | H | C |
|---|---|---|
| A | M | U |
| G | A | L |
| M | M | A |
| E | A | T |
| G | U | S |

**(b)** 'I have two uncles'

| G | N | E |
|---|---|---|
| O | S | T |
| D | O | I |

**(c)** 'I live with my parents'

| V | I | V | S |
|---|---|---|---|
| O | D | R | E |
| C | A | P | S |
| O | N | M | I |

**(d)** 'I like dancing the salsa'

| A | S | R |
|---|---|---|
| L | L | A |
| S | I | M |
| A | A | E |
| A | B | G |
| T | S | U |

## A (a) 🎧 Une las preguntas con las respuestas.

Escucha la grabación para comprobar las respuestas.

1  ¿Sab**es** nadar?
2  ¿Dónde hac**es** los deberes?
3  ¿A qué hora sal**es** de casa por la mañana?
4  ¿Pon**es** la mesa para el desayuno?
5  ¿Cuántos hermanos tien**es**?

a)  No, nunca pongo la mesa.
b)  Salgo a las ocho y cuarto.
c)  Tengo dos hermanas, pero no tengo hermano.
d)  No, no sé.
e)  Hago los deberes en mi habitación.

## A (b) Escoge.

1  ¿Pones el despertador en casa?
2  ¿Sabéis esquiar?
3  ¿Haces las camas?
4  ¿Sales con tus amigos los sábados?

• Sí, lo pongo/Mi madre no lo pone/ Papá no pone el despertador en casa.
• Sí, saben/Sí, sabemos/No, no sabe esquiar.
• Sí, hacemos las camas./No hacen las camas./Sí, hago las camas.
• No, salgo los domingos./Nunca salimos./ Salen los sábados y los domingos.

---

### Aprende 31 🎧

The following verbs are irregular in the first person singular (NB *tener* is a radical-changing verb.)

Sab**er** → (yo) **sé** = *I know*    (No sé hablar italiano = *I don't speak Italian.*)
Pon**er** → (yo) **pongo** = *I put*    (Pongo las llaves sobre la mesa = *I put the keys on the table.*)
Hac**er** → (yo) **hago** = *I do/make*    (Hago los deberes = *I do my homework.*)
Sal**ir** → (yo) **salgo** = *I go out*    (Nunca salgo con mis padres = *I never go out with my parents.*)
Ten**er** → (yo) **tengo** = *I have*    (Tengo 20 años = *I am 20.*)

***Nota:*** pongo la mesa = *I set the table*;
        pongo mi reloj, pongo el despertador = *I set my watch, I set the alarm clock.*

---

## B 🎧 Escucha lo que dice Saulo y escoge a o b.

1 *a*

*b*

2 *a*

*b*

3 *a*

*b*

4 *a*

*b*

## Aprende 32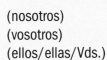

**Tener: irregular and radical-changing verb**

| (yo) | **tengo** | (nosotros) | te**nemos** |
| (tú) | **tie**nes | (vosotros) | te**néis** |
| (el/ella/Vd.) | **tie**ne | (ellos/ellas/Vds.) | **tie**nen |

**Expressions with *tener*:**

*tiene hambre*

*tiene sed*

*tiene frío*

*tiene calor*

*tiene sueño*

*tiene miedo*

## C Completa las frases en tu cuaderno con la ayuda de Aprende 32.

1 Llevo abrigo porque tengo _____.
2 Cuando tengo _____, bebo un litro de agua.
3 Si no tengo _____, no como.
4 A las once de la noche siempre tengo _____.
5 No llevo abrigo porque tengo _____.
6 No voy al parque de noche porque tengo _____ de los ladrones.

## D 🎧 Empareja las expresiones y forma frases completas.

¡Cuidado con los verbos!
Escucha la grabación para comprobar tus respuestas.

1 No necesitamos jerseys, porque
2 Tenéis sueño
3 Cuando termino las clases
4 No va al parque zoológico
5 Los abuelos están en la cama
6 Si tienes sed,

a) porque tiene miedo de los animales.
b) siempre tengo hambre.
c) tenemos mucho calor.
d) porque tienen mucho frío.
e) ¿por qué no bebes agua?
f) porque estudiáis mucho.

## E (a) Mira los dibujos y contesta.

1 ¿Quién tiene hambre?  4 ¿Quién tiene calor?
2 ¿Quién tiene frío?  5 ¿Quién tiene miedo?
3 ¿Quién tiene sed?  6 ¿Quién tiene sueño?

*Tienen sueño*

## E (b) 🎧 Escucha y decide quién habla o a quién describen.

*a Tiene hambre*   *b Tiene sed*   *c Tiene miedo*   *d Tiene calor*   *e Tiene frío*   *f Tiene sueño*

## F Escoge: Tengo … hambre/frío/sed/sueño/calor/miedo

a Solamente tomas un café para el desayuno y una Coca-Cola para la comida …
b De noche cuando estoy solo/sola en la calle …
c Comes mucho pero no bebes.
d En cama a medianoche …
e Estás en la playa cinco horas, en el sol.
f A las tres de la madrugada en enero en la calle sin jersey.

## G Oral/escrito. Haz entrevistas.

Compañero/a A hace preguntas 1–10 y compañero/a B responde.
Compañero/a B hace preguntas 11–20 y compañero/a A responde.
Planifica tus respuestas, toma notas. Incluye un verbo en todas las respuestas.
*Ejemplo:* A: ¿Sabes leer?   B: Sí, sé leer.   B: ¿Sabes nadar?   A: No, no sé nadar.

1 ¿Sabes leer?
2 ¿Sabes escribir?
3 ¿Tienes once años?
4 ¿Tienes hambre ahora?
5 ¿Haces la cama?
6 ¿Dónde haces los deberes?
7 ¿Sales con tu madre?
8 ¿Sales con tus amigos los fines de semana?
9 ¿Pones la mesa en casa?
10 ¿Pones el despertador de noche?

11 ¿Sabes nadar?
12 ¿Sabes cocinar?
13 ¿Hoy tienes frío?
14 ¿Tienes miedo de Drácula?
15 ¿Haces jogging?
16 ¿Haces mucho trabajo de noche?
17 ¿Sales con chicos o con chicas?
18 ¿Sales todos las sábados?
19 ¿Pones los libros de texto en la cocina?
20 ¿Sabes poner tu reloj?

## ¿Tienes hambre? ¿Tienes sed?

### Aprende 33
### Meal times

*cocinar*
*preparar la comida/el desayuno/*
*el almuerzo/la merienda/la cena*

*el desayuno    desayunar    tomar el desayuno*

*la comida                    comer (verbo regular)*
*el almuerzo (en partes de España)    almorzar (ue)*

*la merienda    merendar (ie)    tomar la merienda*

*la cena    cenar (verbo regular)*

**desde ... hasta**    ¿Cuándo tomas el desayuno? Desde las ocho hasta las ocho y media.
Y ¿cuándo comes? Desde la una hasta las dos.

**H** 🎧 **Escucha a las cinco personas. Identifica a qué hora toman las comidas.**

*Ejemplo: 1 f*

*a*

*b*

*c*

*d*

*e*

*f*

**I** **Las comidas en España**

Contesta en inglés y luego en español.
*El desayuno en España es desde las siete de la mañana hasta las diez y media o las once.*
**a)** Y ¿en tu casa los fines de semana?
**b)** Y ¿en tu casa los días laborables?
*La comida en España es de dos a cuatro y media.*
**c)** Y ¿en tu país?
*La merienda en España es desde las seis y media de la tarde hasta las ocho.*
**d)** Y ¿la merienda en tu casa? ¿Cuándo es?
*La cena en España es desde las nueve hasta las once de la noche.*
**e)** Y ¿en tu casa?

**LdeE 1, 2, 3** ▶

**Aprende 34** 🎧

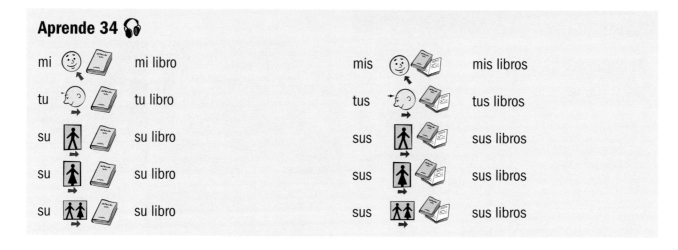

| mi | mi libro | mis | mis libros |
| tu | tu libro | tus | tus libros |
| su | su libro | sus | sus libros |
| su | su libro | sus | sus libros |
| su | su libro | sus | sus libros |

## J  Escoge la descripción correcta.

| | |
|---|---|
| mis llaves | sus llaves |
| su llave | tu llave |
| su llave | tu hijo |
| su hijo | tus hijos |
| sus hijos | su hija |

## K 🎧 Escucha y elige.

*Ejemplo:* 1 my key

1 your key/her key
2 his key/my key
3 their key/his key
4 your keys/her keys
5 his book/your book
6 my son/my sons
7 their son/their children
8 her children/their son
9 my book/their book
10 my key and my book/my books and my key

## L  Reescribe las frases, utilizando *su* o *sus*.

*Ejemplo:* 1 Sus llaves.

1 Las **llaves** de Enrique.
2 El **perro** de Enrique.
3 La **hermana** de Enrique.
4 La **tía** de Maribel.
5 Los **padres** de Maribel.
6 El **dormitorio** de Maribel.
7 Las **llaves** de mis padres.
8 El **colegio** de tus amigos.
9 Los **libros** de tu prima.
10 El **coche** de mi tío.

## Aprende 35 🎧

| Interrogatives | | | Examples |
|---|---|---|---|
| **¿Qué?** | *What? (Which?)* | **¿Qué** hay en la mesa? | Hay **libros ... papeles ... comida** (*nouns*) |
| **¿Quién?** | *Who?* | **¿Quién** está allí? | Está **Pepe ... mi tío ... el chico** (*people*) (*sing*) |
| **¿Quiénes?** | *Who?* (*pl*) | **¿Quiénes** van? | **Pepe y Carmen** van. **Todos los amigos** van (*people*) (*pl*) |
| **¿Dónde?** | *Where?* | **¿Dónde** está José? | Está **en el parque ... allí ... arriba** (*places*) |
| **¿Adónde?** | *Where to?* | **¿Adónde** va Juana? | Va **al parque ... a la iglesia ... a casa** (*to places*) |
| **¿Cuándo?** | *When?* | **¿Cuándo** llega Esteban? | Llega **el lunes ... pronto ... a las dos** (*time*) |
| **¿Cuántos?** | *How many (m)?* | **¿Cuántos** libros hay? | Hay **nueve ... muchos ... uno** (*number*) (*m*) |
| **¿Cuántas?** | *How many (f)?* | **¿Cuántas** chicas van? | Van **diez ... todas ... veintiuna** (*number*) (*f*) |

## M  Empareja las preguntas con las respuestas.

a)  ¿Quién está en la habitación?  
b)  ¿Cuándo no hay clases?  
c)  ¿Cuántos chicos hay en la clase?  
d)  ¿Dónde está mi llave?  
e)  ¿Qué compra Teresa?  
f)  ¿Cuántas piscinas hay en el hotel?  
g)  ¿Adónde van los domingos?  
h)  ¿Quiénes llegan hoy?  

1  Está en el cuarto de baño  
2  Dos  
3  Alberto  
4  Hay veintisiete  
5  Tres maletas  
6  Los domingos  
7  A la piscina  
8  Soledad y su hermano  

## N  ¿Qué interrogativo necesitas?

Rellena.

1  ¿_____ días no hay clases?  
2  ¿_____ habitaciones hay en tu piso?  
3  ¿_____ vas a casa de tus abuelos?  
4  ¿_____ vive aquí?  
5  ¿_____ viven allí?  
6  ¿_____ están tus padres?  
7  ¿_____ vas en agosto?  
8  ¿_____ tíos tienes?  

Los sábados y los domingos  
Una  
Los fines de semana  
Mi primo  
Mis amigos  
En el sur de España  
A Málaga y luego a Madrid  
Sólo uno  

## O  🎧 Escucha y decide cuál es la respuesta adecuada para cada pregunta.

a)  En septiembre  
b)  En el norte de Madrid  
c)  El Sr. Jones  
d)  Treinta y una  

e)  Mis hermanos  
f)  Soy hijo único  
g)  Dinero y videojuegos  
h)  A la discoteca  

**LdeE 4, 5, 6, 7**

## Aprende 36 🎧

### Radical-changing verbs

|  | Pensar | Contar | Jugar | Preferir |
|---|---|---|---|---|
|  | e → ie | o → ue | u → ue | e → ie |
| (yo) | pienso | cuento | juego | prefiero |
| (tú) | piensas | cuentas | juegas | prefieres |
| (él/ella/Vd.) | piensa | cuenta | juega | prefiere |
| (nosotros) | pensamos | contamos | jugamos | preferimos |
| (vosotros) | pensáis | contáis | jugáis | preferís |
| (ellos/ellas/Vds.) | piensan | cuentan | juegan | prefieren |

**Aprende:** encontrar (ue), comenzar (ie),
volver (ue), querer (ie), morir (ue),
dormir (ue), mentir (ie).
Soler (ue) + Infinitive = *To usually do something,*
e.g. Suelo comer a la una.
(*I usually eat at one o'clock.*)

*Suelen jugar en el salón-comedor*

## P 🎧 Escucha e identifica los verbos que utilizan.

**a)** mueren/morís

**b)** piensa/piensan

**c)** preferimos/prefieren

**d)** comienzo/comienza

**e)** juegas/jugáis

**f)** quiere/quieren

**g)** volvéis/vuelves

**h)** suele/suelo

# Vuelve el fútbol; vuelve Beckham

ESTA SEMANA TODOS LOS EQUIPOS VUELVEN AL
TRABAJO ●

## Q Rellena con los verbos de la lista.

| | | | | | | | | | |
|---|---|---|---|---|---|---|---|---|---|
| encuentras | contamos | pensáis | jugáis | prefieren | muere | comienzan | volvemos | quiere | duermes |
| encuentro | cuentan | piensas | juegas | prefiere | mueren | comienzo | vuelven | quiero | duerme |

1 Busco bibliotecas en el norte pero no las _____ . (*encontrar*)
2 Mi hermana y yo _____ historias a mis abuelos. (*contar*)
3 ¿_____ mucho? No, nunca pienso. (*pensar*)
4 ¿_____ con los vecinos? A veces jugamos. (*jugar*)
5 Mi hermano _____ francés a inglés. (*preferir*)
6 Muchas personas _____ en las guerras. (*morir*)
7 _____ a las siete y termino a las cuatro en punto. (*comenzar*)
8 Mis amigos _____ en avión. (*volver*)
9 Yo _____ libros y mi hermana _____ perfume. (*querer*)
10 ¿Tu abuela _____ mucho? No, solamente seis horas. (*dormir*)

## R (a) ¿Qué sueles hacer? Contesta.

1 ¿Sueles cantar en las clases de matemáticas?
2 ¿Sueles llegar tarde a casa los domingos por la noche?
3 ¿Sueles jugar mucho con tus amigos?
4 ¿Sueles jugar mucho con tus profesores?
5 ¿Sueles ir al cine los fines de semana?
6 ¿Sueles hablar cuando el profesor entra en clase?
7 ¿Sueles desayunar?
8 ¿Sueles dormir en la casa de tus abuelos?

## R (b) Con tu compañero/a, pregunta y responde a las preguntas del ejercicio R(a).

## R (c) Responde a las preguntas siguientes.

1 ¿A qué hora sueles levantarte?
2 ¿A qué hora sueles ducharte?
3 ¿A qué hora sueles ir al colegio?
4 ¿A qué hora suelen comenzar las clases?
5 ¿A qué hora sueles merendar?
6 ¿A qué hora sueles volver a casa, después del colegio?

levantarse – *to get up*
ducharse – *to have a shower*

## Aprende 37

### Reflexive verbs [lavarse, despertarse, etc.]

**Aprende:** acostarse (**o** → **ue**), v**e**stirse (**e** → **i**): me v**i**sto, te v**i**stes, se v**i**ste, nos v**e**stimos, os v**e**stís, se v**i**sten.

**Más verbos reflexivos:**

| | |
|---|---|
| levantarse | *to get up* |
| peinarse | *to comb one's hair* |
| afeitarse | *to shave* |
| maquillarse | *to put on make-up* |
| s**e**ntarse (**ie**) | *to sit down* |
| ac**o**starse (**ue**) | *to go to bed* |

**Lavarse** (regular)
*to wash (oneself)*

**Desp**e**rtarse**
(radical **ie**)    *to wake up*

| | | |
|---|---|---|
| me lavo | ☺ | me desp**ie**rto |
| te lavas | →😮 | te desp**ie**rtas |
| se lava | 🚹🚺 | se desp**ie**rta |
| nos lavamos | ☺☺ | nos despertamos |
| os laváis | →😮 | os despertáis |
| se lavan | 👥👥 | se desp**ie**rtan |

## **S** Lee.

*José Javier*

*Por las mañanas me despierto a las siete. Primero me ducho, luego me visto, tomo un vaso de leche o un jugo de fruta y voy a la estación de tren. Llego en veinte minutos y luego subo a pie hasta el instituto.*

### (a) Responde en inglés.

1 At what time does José Javier wake up?
2 What does he do before breakfast?
3 How does he travel to school?
4 How do we know that he has to walk up a hill to school?

*Estefanía*

*Me levanto a las ocho y cuarto, me lavo la cara, después me ducho, me peino, me maquillo, desayuno y luego me visto, y me voy para el colegio con mi mochila.*

### (b) ¿Verdadero o falso?

5 Estefanía nunca se ducha.
6 Se peina antes de vestirse.
7 Se afeita todos los días.
8 No se despierta hasta las nueve.

*Saulo*

*Pues me despierto a las siete y media, gracias a mi madre. Primero voy al cuarto de baño, me ducho, no me afeito, me peino durante media hora. Luego voy a la cocina, desayuno, me visto, y salgo de mi casa.*

### (c) Rellena.

9 Saulo se _____ temprano.
10 Se _____ pero no se _____.
11 No se _____ rápidamente.
12 _____ viste y sale de casa.

*Carmen*

*Cuando me levanto, me ducho, después me peino, me visto, preparo la cartera y desayuno. Voy un poco a la piscina y luego voy directamente al colegio.*

### (d) Contesta en español.

13 ¿Carmen se peina o se ducha primero?
14 ¿Carmen lleva mochila al colegio?
15 ¿Por qué Carmen necesita bañador?
16 ¿Vuelve de la piscina a casa?

## T 🎧 Escucha a Marina y contesta en inglés.

**a)** What time does she wake up and get up?

**b)** What does she then do?

**c)** What does she do after breakfast?

**d)** In what order does she brush her teeth, shower and comb her hair?

**e)** What does she do before going to school?

## U Empareja y ordena las frases para escribir un párrafo.

**1** Me despierto
**2** y llego a la oficina
**3** pero me visto
**4** Después del desayuno
**5** Voy a la cocina
**6** pero no me levanto
**7** Salgo de la casa
**8** Me lavo, me peino y me afeito

**a)** en el cuarto de baño
**b)** y tomo el desayuno.
**c)** digo adiós a la familia.
**d)** muy temprano,
**e)** en mi habitación.
**f)** hasta las siete y media.
**g)** a eso de las ocho y cuarto
**h)** a las nueve.

## V Escrito y oral con tu compañero/a.

Contesta en español.

**1** ¿A qué hora te despiertas por la mañana?
**2** ¿Te despiertas fácilmente o necesitas el despertador?
**3** ¿Te levantas antes o después de tu familia?
**4** ¿Dónde te lavas?
**5** ¿Te afeitas?

**6** ¿Te peinas con un peine o con un cepillo?
**7** ¿A qué hora te acuestas normalmente?
**8** ¿De noche te lavas con agua fría?
**9** ¿Quién se maquilla en tu casa?
**10** ¿Duermes bien cuando te acuestas temprano?

## W Describe cada uno de los cuadros abajo con estas expresiones:

**a)** Se maquilla en el autobús.
**b)** Se peinan con cepillo.
**c)** Se levantan.
**d)** Se afeita de noche.
**e)** Se sienta en la calle.
**f)** Se lava en el río.

**g)** Se acuesta a las ocho.
**h)** Se despiertan temprano.
**i)** Se sientan en la calle.
**j)** Se levanta a las nueve y media.
**k)** Se peina.

**l)** Se acuestan a las nueve y media.
**m)** Se lavan en el río.
**n)** No se afeita.
**o)** Se maquilla sola.
**p)** No se lavan.

**X** **(a) Lee. Escoge las frases verdaderas para ti, adapta las otras y escribe algo de tu rutina diaria.**

Yo me despierto todos los días sobre las siete y veinte. Me levanto, suelo hacer la cama, abro la ventana de mi habitación, preparo la cartera para el instituto. Después me lavo la cara, luego me visto, tomo el desayuno y sobre las ocho y diez o y cuarto vengo para el instituto, y estoy aquí a las ocho y media más o menos.

Pues me levanto a las siete y media, me ducho y me visto. Sobre las ocho menos cuarto desayuno con mi hermana, y con mi madre de vez en cuando. Después me lavo los dientes, me peino, preparo mi mochila, arreglo un poco mi habitación y a las ocho y diez salgo para el instituto.

Me levanto siempre con la hora justa, a las ocho. Me lavo deprisa, me peino, me lavo los dientes, no suelo desayunar, me visto y salgo rápido para el instituto. Siempre llego tarde porque tengo clase a las ocho y media. Me levanto muy tarde porque me acuesto tarde. Me gusta ver la tele.

**X** **(b)** 🎧 **Escucha a Ignacio. Toma notas en inglés. Luego escribe tus notas de la rutina de Ignacio en español.**

LdeE 8, 9, 10

# Rompecabezas ★★

## Y (a) Lee y contesta.

Pepe se levanta a las siete de la mañana y se acuesta catorce horas más tarde.

Diana se acuesta a las once y media y se despierta a las siete y media.

1   ¿A qué hora se acuesta Pepe?
2   ¿Cuántas horas duerme Pepe?
3   ¿Cuántas horas duerme Diana?

## Y (b) ¿Quién es quién?

¿Es Diana, un payaso o Pepe?

1   Se afeita pero no se maquilla.
2   Se maquilla pero no se afeita.
3   Se maquilla y se afeita.

## Y (c) Lee y escoge.

1   Mi plancha de surf está …
   **a)**   debajo de la tostadora.
   **b)**   encima del microondas.
   **c)**   en el garaje.
2   El móvil de mi hermana está …
   **a)**   en la ducha.
   **b)**   al lado del tocadiscos.
   **c)**   dentro del armario.
3   Los pendientes de la vecina están …
   **a)**   en el horno.
   **b)**   sobre el perro.
   **c)**   encima de la mesa.

## Z (a) Rellena con verbos reflexivos.

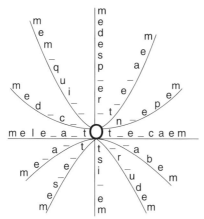

## Z (b) Utiliza los verbos reflexivos del ejercicio 2(a) y rellena.

1   Primero me despierto y luego me _____ .
2   Por la mañana me _____ con el despertador.
3   Me _____ a las once de la noche.
4   No me _____ porque no tengo mucho pelo.
5   Me baño o me _____ todos los días.
6   Nunca me _____ en la silla de mi padre.
7   No me _____ porque no tengo barba.
8   Me acuesto a medianoche pero no me _____ inmediatamente.
9   Cuando voy a clase no me _____ , pero los fines de semana, sí.
10  Como no tengo ducha me _____ por la mañana.
11  Como mi guardarropa está en la habitación de mi hermana me _____ allí.
12  Me _____ la cara con agua fría.

## Aprende 38 🎧

### Prepositions

delante (de) = *in front of*
detrás (de) = *behind*
encima (de) = *on top of*
debajo (de) = *under(neath)*
al lado (de) = *next to/beside*
dentro (de) = *inside*

fuera (de) = *outside*
cerca (de) = *near/close to*
lejos (de) = *far (from)*
alrededor (de) = *around*
en medio (de) = *in the middle of*
entre ... y ... = *between ... and ...*

**Aprende:** en = *in, on*; sobre = *on, on top of, above*
    a la izquierda (de) = *to the left of*; a la derecha (de) = *to the right of*

## A Mira el dibujo y decide si las siguientes frases son verdaderas o falsas.

1 El padre está delante de los gemelos.
2 Los niños están detrás de la madre.
3 Los niños están cerca del bebé.
4 El gato está dentro de la jaula.
5 El perro está dentro de la jaula.
6 El mono está debajo del señor.
7 El bebé está debajo de Eduardo.
8 Los niños están entre el padre y la madre.
9 Los señores están detrás de las señoras.
10 Todos están dentro del avión.
11 El gato está a la derecha del perro.
12 El mono está a la izquierda del señor.

## B 🎧 Mira el dibujo y escucha la grabación. Identifica a las personas y a los animales.

*Ejemplo:* 1 j – el mono

## C Mira el dibujo y completa las frases utilizando expresiones de Aprende 38.

1 Anita está _____
2 Eduardo está _____
3 La madre está _____

4 El cochecito está _____
5 Los gemelos están _____
6 El bebé está _____

## D 🎧 Escucha y escoge.

*Ejemplo:* El libro está detrás de la caja.    a) <u>behind the box</u>    b) in front of the box    c) under the box

1  **a)**  under the key
   **b)**  far from the key
   **c)**  near the key
2  **a)**  next to the garden
   **b)**  behind the garden
   **c)**  to the left of the garden
3  **a)**  near the police station
   **b)**  behind the police station
   **c)**  in the police station
4  **a)**  to the right of the bank
   **b)**  inside the bank
   **c)**  to the left of the bank
5  **a)**  by the hat
   **b)**  on top of the hat
   **c)**  under the hat
6  **a)**  under the box
   **b)**  in the box
   **c)**  by the box

7   **a)**  outside the hotel
    **b)**  inside the hotel
    **c)**  near the hotel
8   **a)**  in front of her mother
    **b)**  behind her mother
    **c)**  next to her mother
9   **a)**  between the café and the museum
    **b)**  between the library and the museum
    **c)**  between the museum and the police station
10  **a)**  to the right of the church
    **b)**  to the left of the church
    **c)**  in the centre of the church
11  **a)**  in Málaga
    **b)**  outside Málaga
    **c)**  in the centre of Málaga
12  **a)**  to the right of the museum, near the bank
    **b)**  near the museum, to the left of the bank
    **c)**  to the right of the bank, near the museum

## E Mira la foto y decide si las frases son verdaderas o falsas.

1  El vuelo de Dusseldorf sale antes del vuelo de Munich.
2  El vuelo de Hannover sale después del vuelo de Copenhagen.
3  El vuelo de Palma de Mallorca sale después de las cuatro.
4  El vuelo de Madrid sale antes de las tres.
5  El vuelo de Stansted sale después del vuelo de Dortmund.
6  El vuelo de Palma de Mallorca sale antes del vuelo de Munich.

### En el aeropuerto

*Salidas*

### Aprende 39 🎧

antes (de) = *before*
después (de) = *after*

*Ejemplos:*

El vuelo de Madrid sale después **del** vuelo de Málaga.
*The flight to Madrid leaves after the flight to Málaga.*

El vuelo de Barcelona sale antes **de las** ocho.
*The flight to Barcelona leaves before eight o'clock.*

**LdeE 1, 2, 3, 4, 5, 6** ▶

HOTEL-RESIDENCIA

**francabel**

Avda. Castilla La Mancha, 7
Tel. y Fax: 969 22 62 22      16003 **CUENCA**

| | |
|---|---|
| *Telefonista:* | Hotel Francabel. Buenas tardes. |
| *Señora:* | Buenas tardes. Quisiera reservar una habitación para el domingo 16. |
| *Telefonista:* | Sí, señora, un momentito: le paso con recepción. |
| *Recepcionista:* | Dígame, señora. Para el 16 de junio, ¿desea una doble o una individual? |
| *Señora:* | Quisiera una doble con baño, y una individual con ducha. |
| *Recepcionista:* | Las habitaciones todas tienen baño y ducha, señora. |
| *Señora:* | Perfecto, pues, por dos noches, por favor. |
| *Recepcionista:* | Sí señora: entonces una doble y una individual, entrada el 16 y salida el 18 de junio. ¿Desean desayuno, media pensión o pensión completa? |
| *Señora:* | Con desayuno solamente. Y las habitaciones con vista al mar, por favor. |
| *Recepcionista:* | No hay problema, señora. Y, ¿a qué nombre hago la reserva? |
| *Señora:* | A nombre de Isabel Santana Villalba. |
| *Recepcionista:* | Muy bien, muchas gracias. |

## F 🎧 Lee y escucha la conversación.

Rellena las frases con la palabra adecuada de la lista.

| noches | habla | mar | precios | domingo | no | ducha | llama | hotel | dos |
|---|---|---|---|---|---|---|---|---|---|

**1** El _____ se llama Francabel.
**2** La señora _____ primero con la telefonista.
**3** El 16 de junio es _____ .
**4** La señora quiere reservar _____ habitaciones.
**5** En las habitaciones hay baño y _____ .

**6** Quieren pasar dos _____ en el hotel.
**7** _____ quieren pensión completa.
**8** Desean habitaciones enfrente del _____ .
**9** La señora se _____ Isabel.
**10** No hablan de _____ .

## G 🎧 Escucha y contesta en inglés.

**1** What is the hotel called?
**2** How long does it take for the operator to contact reception?
**3** When do they want the reservation for and for how many nights?
**4** What type of room does the gentleman require?
**5** Who wants full board and what do the parents want for themselves?
**6** What prices are given by the receptionist?
**7** What facilities docs the hotel have?
**8** What is the gentleman's name?

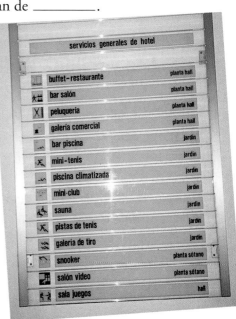

## Aprende 40 🎧

Tome la primera calle a la izquierda.
Tome la segunda a la derecha.
Siga todo recto.
Está a unos cien metros.

## H (a) 🎧 Ordena la conversación.

Escucha la grabación para comprobar tus respuestas.

| | |
|---|---|
| *Recepcionista:* | Sí, señor. Está en la calle Augusta, enfrente del teatro, entre el Banco Santander y la discoteca. |
| *Señor:* | Por favor, ¿hay un hotel de tres estrellas por aquí? |
| *Recepcionista:* | Sí, señor. Está el hotel Benidorm. |
| *Señor:* | Sí. ¿Cuánto es por noche? |
| *Recepcionista:* | De cuatro estrellas, señor. |
| *Señor:* | Quisiera reservar una habitación individual para mañana, por favor. |
| *Recepcionista:* | De nada, señor, muy buenas noches. |
| *Señor:* | Lo siento, es mucho. ¿Es un hotel de tres estrellas? |
| *Señor:* | Muchas gracias, buenas noches. |
| *Recepcionista:* | ¿Por una noche solamente? |
| *Señor:* | Buenas noches. Quisiera hacer una reserva. |
| *Recepcionista:* | Noventa euros, señor, sin desayuno. |
| *Señor:* | ¿Podría decirme dónde está este hotel, por favor? |
| *Recepcionista:* | Sí, señor. ¿Qué desea usted? |

## H (b) Lee y rellena en inglés.

| | |
|---|---|
| Chico: | Por favor, ¿me puedes decir dónde está el estadio? |
| Chica: | Sí, la primera a la derecha y la segunda a la izquierda. Está a unos cien metros a pie. |

1 The young man wants to know where the _____ is.

2 He has to take the _____ on the right and the second on the _____.

3 He then has to walk about _____ metres.

*¿Todo recto o a la derecha?*

## H (c) Lee y rellena en español con las palabras de la lista.

| | |
|---|---|
| *Señor:* | ¿Hay un banco cerca de aquí? |
| *Señora:* | Muy cerca, no, a unos cinco minutos. Tome la primera calle a la izquierda y siga todo recto hasta la plaza y allí está el Banco Atlántico, al lado del Hotel Princesa. |

| hay | cerca | izquierda | recto | calle | lejos |
|---|---|---|---|---|---|

1 El señor quiere saber dónde _____ un banco.

2 El banco está un poco _____.

3 Hay un hotel _____ del banco.

4 Para llegar al banco es necesario tomar la primera _____ a la _____ y seguir todo _____.

**LdeE 7, 8, 9** ▶

## I (a) Lee y termina o rellena las frases en inglés.

**Arancha Lara Perea**

En vacaciones suelo ir a mi aldea, aunque de vez en cuando también voy a la playa, o a un parque temático de atracciones, o a visitar ciudades, pero sobre todo voy a mi aldea, que está en la provincia de Cuenca.

1 Arancha usually goes on holiday to her _____.
2 Sometimes she goes to the _____, a theme _____ or to visit _____.
3 Her village is _____.

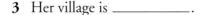

*Cuenca*

**Beatriz Ortega García**

Cuenca es una ciudad que atrae bastante al turismo porque tiene paisajes fabulosos y el campo muy cerca. Hay monumentos como la catedral, las Casas Colgadas, y el Puente San Pablo que también atraen mucho a los turistas. Pero, a mí, sobre todo me gustan los paisajes y el campo, los ríos y la abundante vegetación.

## I (b) Decide si las siguientes frases son verdaderas o falsas.

4 Beatriz piensa que muchos turistas van a Cuenca porque hay muchos hoteles.
5 Los turistas suelen visitar la catedral.
6 A Beatriz no le gusta la naturaleza.

*Alicante*

**Sara Santana Morillas**

En vacaciones suelo ir con mis padres a la playa a Alicante o Valencia, o a un pueblecito de Castellón donde hay conciertos y todos los días siempre voy a la piscina o voy a la playa. Luego por las noches salgo a comer.

*Playa de Postiguet*

## I (c) Elige la palabra adecuada de la lista y completa las frases.

nadar, música, costa, familia, restaurantes

7 Sara va con su _____ a la _____.
8 A Sara le gusta la _____.
9 De noche va a _____ y de día le gusta _____.

*Galicia*

## J (a) 🎧 Escucha a Susana y contesta en inglés.

1 What are Susana's main reasons for holidaying in Galicia?
2 What does she like about Galicia?
3 How often does she go there?

## J (b) 🎧 Escucha a Paula y escoge.

1 Paula va a Valencia en _____ (junio, julio, agosto).
2 Allí tienen _____ (un piso, una casa, un chalé).
3 Va a Córdoba la _____ parte de agosto. (primera, segunda)
4 Viaja fuera de España con _____ (su familia, sus padres, su papá).
5 Cuando sale de España va a _____ y _____ (Europa, África, América).

## J (c) 🎧 Escucha a Ismael Montero Arévalo que habla de Madrid.

Decide si la siguientes frases son verdaderas o falsas según lo que piensa Ismael.

1 Los turistas van a Madrid porque es la capital y tiene lugares interesantes.
2 Madrid necesita más museos y teatros.
3 Muchos turistas van a Madrid porque no hay ni corridas ni deportes.

**LdeE 10, 11, 12, 13, 14, 15, 16** ▶

ACCESOS a VALENCIA

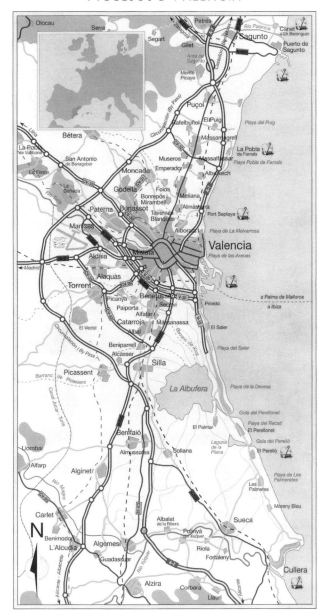

## Aprende 41 🎧
### The Seasons: Las estaciones

la primavera  el verano  el otoño  el invierno

### K (a) 🎧 ¿Qué estaciones prefieren?

*Ejemplo:* 1 la primavera

### K (b) Oral. Con tu compañero/a

1 ¿Te gusta el verano?
2 ¿Qué prefieres: la primavera o el verano?
3 ¿Te gusta el otoño más que el verano?
4 ¿No te gusta el invierno?

## Aprende 42 🎧
### What's the weather like?

hace buen tiempo    hace mal tiempo    hace calor    hace frío

hace sol    hace mucho calor    hace viento    está lloviendo

está nevando    está nublado    hay niebla    hay tormenta

| ENERO | FEBRERO | MARZO | ABRIL |
| MAYO | JUNIO | JULIO | AGOSTO |
| SEPTIEMBRE | OCTUBRE | NOVIEMBRE | DICIEMBRE |

## Aprende 43

el norte

el este

el sur

el oeste

¡Invierno, primavera, verano, otoño! Cada cinco minutos me visto con la ropa adecuada, ¡y no tengo tiempo para comer!

## L  ¿Qué tiempo hace …?

Mira el dibujo en Aprende 42.   *Ejemplo:* ¿Qué tiempo hace el 3 de enero? El 3 de enero está nevando.

| | |
|---|---|
| 1 … el 8 de febrero? | 7 … el 15 de agosto? |
| 2 … el 4 de marzo? | 8 … el 2 de septiembre? |
| 3 … el 11 de abril? | 9 … el 21 de octubre? |
| 4 … el 7 de mayo? | 10 … el 30 de noviembre? |
| 5 … el 20 de junio? | 11 … el 25 de diciembre? |
| 6 … el 9 de julio? | 12 … hoy en tu ciudad? |

## M  Escucha y escribe respuestas lógicas.

*Ejemplo:* 1 hace buen tiempo

## N  Oral/escrito

¿Qué tiempo hace en América Latina?

1  ¿Qué tiempo hace en Buenos Aires, Argentina?

2  ¿Qué tiempo hace en La Paz, Bolivia?

3  ¿Qué tiempo hace en Santiago de Chile?

4  ¿Qué tiempo hace en Asunción, Paraguay?

5  ¿Qué tiempo hace en Lima, Perú?

6  ¿Qué tiempo hace en Quito, Ecuador?

7  ¿Qué tiempo hace en Bogotá, Colombia?

8  ¿Qué tiempo hace en Caracas, Venezuela?

9  ¿Qué tiempo hace en Montevideo, Uruguay?

10  ¿Qué tiempo hace en Ciudad de Panamá?

11  ¿Qué tiempo hace en Managua, Nicaragua?

12  ¿Qué tiempo hace en Ciudad de México?

Ciudad de México

Managua

Caracas

Ciudad de Panamá   Bogotá

Quito

Lima

La Paz

Asunción

Santiago de Chile   Buenos Aires   Montevideo

LdeE 17, 18, 19

**Aprende 44** 🎧

**Positive imperatives**

| Infinitive | Singular (fam) | Plural (fam) |
|---|---|---|
| **Regular verbs** | | |
| compr**ar** | compr**a** | compr**ad** |
| com**er** | com**e** | com**ed** |
| decid**ir** | decid**e** | decid**id** |
| **Radical-changing verbs** | | |
| cerrar | c**ie**rra | c**e**rrad |
| volver | v**ue**lve | v**o**lved |

**Irregular verbs**

**Aprende:**  venir → ven → venid    poner → pon → poned    hacer → haz → haced
ir → ve → id    tener → ten → tened    salir → sal → salid

## 0 Lee y escoge.

1  Mario y Patricia, _____ a la una en punto, por favor. (*come, comed*)
2  Ernesto, _____ con tu hermano. (*sal, salid*)
3  Pablo, ¡_____ aquí! (*ven, venid*)
4  Chicos, _____ pronto. (*decide, decidid*)
5  Mamá, _____ la puerta, por favor. (*cierra, cerrad*)
6  Carmen y Saulo, _____ a la oficina de tu padre. (*ve, id*)
7  Nuria, _____ la mesa, tenemos hambre. (*pon, poned*)

## P 🎧 Escucha y anota en inglés los mensajes de los contestadores automáticos.

*Ejemplo:*  go to the supermarket

1  para Eduardo
2  para Pilar
3  para Fernando
4  para Luis y Clara
5  para los niños
6  para las niñas
7  para Angustias
8  para ti

**Aprende 45** 🎧

**Ir de (a) a (b)**

(a) = punto de origen (b) = destino
Voy **de** Londres **a** Nueva York.
Vamos **de** España **a** Estados Unidos.
Voy **del** parque **al** hotel.
Van **de la** playa **a la** discoteca.

## Q Rellena con *de/del/de la ... a/al a la.*

1  Mañana vamos _____ Zaragoza _____ Madrid.
2  Van _____ costa directamente _____ aeropuerto.
3  Voy _____ capital _____ pueblo.
4  Van _____ hospital _____ banco.
5  ¿Vas _____ Madrid _____ Moscú?
6  ¿Vais _____ Barcelona _____ París?

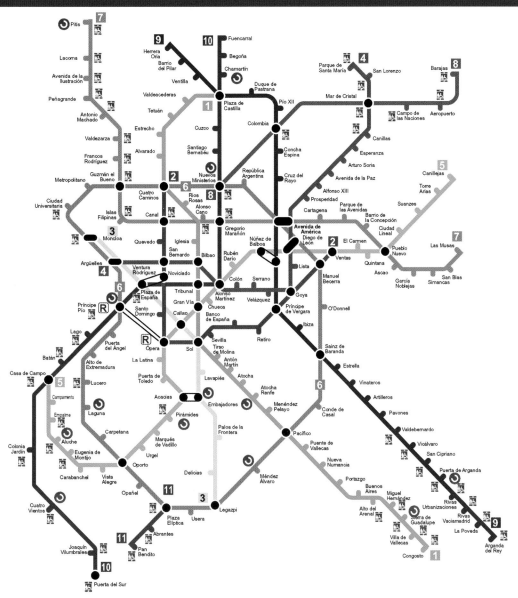

## R  ¡Decide cómo viajar con ayuda del mapa!

### (a) ¡Primero familiarizarse con el mapa!

1  ¿Cuántas líneas hay en la red del metro madrileño?

2  **(i)**  ¿Cuál es la más corta y la más larga?
   **(ii)** ¿Cuántas estaciones tienen?

   *Ejemplo:* La línea número … (tiene) … estaciones.

3  ¿Cuáles son las primeras y últimas estaciones de estas dos líneas?

4  ¿Qué líneas empiezan o terminan en el norte y cómo se llaman las estaciones? ¡Cuidado! La línea 6 es circular.

5  ¿Qué líneas empiezan o terminan en el sur y cuáles son las estaciones?

### (b) ¡Ahora vamos de viaje!

1  Estás en el aeropuerto de Barajas de Madrid, y quieres ir a un hotel en Nuevos Ministerios. ¿Qué línea coges y cuántas paradas hay?

2  Desde tu hotel quieres visitar el centro; vas a la estación de Callao. ¿Cuántas líneas usas y cuántas paradas hay?

3  En Sol visitas el Kilómetro Cero y La Plaza Mayor. Ahora quieres ver una vista panorámica de Madrid. Vas al Ascensor de Moncloa; ¿qué línea coges y en qué dirección?

4  Mañana quieres ir al parque del Retiro. ¿Cómo vas a llegar del hotel?

   *Ejemplo:* Primero **voy a** coger la línea 6 **de** Nuevos Ministerios **a** … y luego la línea … en dirección … que va al Retiro.

5  Es domingo y tienes todo el día libre; decides ir fuera de Madrid pero no quieres ir ni muy lejos ni al norte. ¿Cómo vas del hotel?

LdeE 20, 21

## Aprende 46 🎧

### Immediate future
### Ir + infinitive

**Voy a** salir pronto.     **Vamos** a volver tarde.
**Vas a** empezar mañana.    **Vais a** dormir bien.
**Va a** llegar a las ocho.     **Van a** decidir el lunes.

## S Une las preguntas con las respuestas.

1 ¿Vas a visitar el museo hoy?
2 ¿Vais a pasar mucho tiempo en el parque de atracciones?
3 ¿Tu hermano va a nadar a la piscina por la mañana?
4 ¿Tus primos van a ver la corrida?
5 ¿Vas a ver el flamenco el lunes?
6 ¿Por qué no vas a jugar al golf?

a) Porque no sé jugar.
b) Sí, y a veces por la tarde también.
c) No, piensan que es muy cruel.
d) Y el martes también.
e) Una hora.
f) No. Hoy no, mañana.

## T 🎧 Escucha y contesta en inglés.

1 a) Who is Marina talking to?
    b) What has she had to cancel and why?
2 a) Where is Ricardo calling from?
    b) What does he say to his mum?
    c) How does she react to this?
    d) Why is mum shocked and surprised?
    e) Why are they travelling?
    f) What does Ricardo say he will do?
3 What do you think of Javi's friend?

**LdeE 22, 23** ▶

## U Oral. Con tu compañero/a

1 ¿Vas a comer mucho hoy?
2 ¿Qué vas a estudiar en la universidad?
3 ¿Vas a hablar hoy con tu profesor(a) de español?
4 ¿Cuándo vas a visitar a tus primos?
5 ¿Vas a comprar chocolate mañana?
6 ¿A qué hora vas a volver a casa?
7 ¿Qué programa vas a ver en la tele hoy?
8 ¿Con quién vas a cenar?

# Rompecabezas

## V Escoge la palabra o la frase mejor relacionada con las de la izquierda.

1 en la playa        (costa, montañas, está nevando, cuarto de baño)
2 un banco            (vino, dinero, un loro, un sombrero)
3 hace sol             (buen tiempo, mal tiempo, enero, vino)
4 muy cerca          (lejos, al lado, en el teatro, en la iglesia)
5 la hermana de mi madre   (mi tío, mi abuela, mi madre, mi tía)
6 aeropuerto         (muchos aviones, muchos trenes, muchas playas)
7 mi hermano        (hijo de mi padre, hija de mi madre, hija de mi padre)
8 euros                (dinero chino, dinero americano, dinero europeo)
9 trabajar            (en la piscina, en la carnicería, en la playa)
10 comprar           (en el colegio, en el supermercado, en la biblioteca)

| 11 | chica | (amigo, abuela, amiga, profesor) |
|---|---|---|
| 12 | policía | (parque, jardín, comisaría, restaurante) |
| 13 | está nevando | (hace buen tiempo, hace calor, hace frío) |
| 14 | un año | (veinte semanas, noventa y nueve días, doce meses) |
| 15 | el 8 de agosto | (tu cumpleaños, verano, clases de matemáticas) |
| 16 | media hora | (treinta segundos, treinta minutos, dos días) |
| 17 | de la madrugada | (de la tarde, al mediodía, de la mañana) |
| 18 | biblioteca | (libros, llaves, chocolate, fútbol) |
| 19 | hombre | (tía, amiga, señor, profesora) |
| 20 | en Australia | (lejos, cerca, aquí, norte) |

## W  Write *verdadero* or *falso* after each of these sentences.

*Ejemplo:*  Mi hermano está en el colegio a las cuatro de la madrugada. (**falso**)

1  Estoy en clase a las once de la noche. _____
2  Son las tres de la tarde y Carlos está en el colegio. _____
3  El profesor está en el colegio los domingos a las ocho de la mañana. _____
4  A la una de la mañana hace sol. _____
5  Los lunes a las once de la mañana estoy en clase. _____
6  A las siete y media de la mañana estoy en casa. _____
7  El bebé está en la piscina con ochenta amigos a las cuatro de la madrugada. _____
8  El treinta de febrero a las diez de la mañana estamos en clase. _____
9  Los profesores están en clase a medianoche. _____
10  Isabel está en la discoteca a las cinco de la tarde. _____

## X  Read Ian's e-mail and Antonio's reply, replacing the underlined words in the latter with those in the list below.

**Querido:** Antonio

**Subject:**

¿Qué tal? Estoy en San Sebastián. El hotel está en la costa. Hay una playa fantástica aquí. Me gusta el norte de España pero no hace mucho calor. ¿Qué tiempo hace en el sur?
Un mes de vacaciones aquí y … a Londres ¡donde está lloviendo!
Escribe pronto.
Un abrazo de tu amigo
Ian.

**Querida:** Ian

**Subject:**

Gracias por tu postal de Madrid. Aquí en el norte del Perú hace mal tiempo, hace frío. ¿Te gusta tu pensión? Aquí también hay una discoteca fantástica.
Escribe pronto. Un abrazo de tu hermana,
Antonio.

España, playa, sur, amigo, buen, hotel, calor, San Sebastián, querido, e-mail.

*Parque Güell,*
*Barcelona*
*Están bailando*

*Están conduciendo*

## Aprende 47 🎧

### Present continuous tense

**(-ar)**

| estoy | llorando |
|---|---|
| estás | hablando |
| está | pintando |
| estamos | trabajando |
| estáis | bajando |
| están | estudiando |

**(-er) (-ir)**

| estoy | escribiendo | (escribir) |
|---|---|---|
| estás | conduciendo | (conducir) |
| está | vendiendo | (vender) |
| estamos | saliendo | (salir) |
| estáis | bebiendo | (beber) |
| están | comiendo | (comer) |

**Aprende** leer = leyendo; ir = yendo;
dormir = durmiendo; mentir = mintiendo;
(son)reír = (son)riendo; hacer = (hac)iendo

## A Une las preguntas con las respuestas.

| | | | |
|---|---|---|---|
| **1** | ¿Estás estudiando? | **a)** | Sí, están estudiando. |
| **2** | ¿Está estudiando Pepe? | **b)** | Sí, estamos estudiando. |
| **3** | ¿Están estudiando? | **c)** | No, no estoy estudiando. |
| **4** | ¿Estáis estudiando? | **d)** | No, no está estudiando. |

*Está jugando al billar*

## B Completa las frases.

*Ejemplo:* **1** Estoy estudiando en mi habitación.

**1**  en mi habitación.

**2**  su habitación.

**3**  porque no tiene dinero.

**4**  en la discoteca.

**5** ¿  mucho?

**6**  en el cuarto de baño.

**7** ¿  la puerta?

**8**   las escaleras.

## C 🎧 Escucha e identifica la foto que están describiendo.

A

B

C

D

E

F

## D (a) Mira las tres fotos e identifica a la persona que ...

1   ... está leyendo
2   ... está durmiendo
3   ... está pensando
4   ... está hablando
5   ... está charlando
6   ... está sonriendo
7   ... está escuchando
8   ... está bebiendo

## D (b) Oral/escrito

Elige una foto y describe lo que están haciendo.

LdeE 1, 2, 3, 4, 5, 6

## Aprende 48 🎧

### Adjectives
### singular

*Masculine*

**El** jardín de infancia está abiert**o**

**Jaime** está content**o**.

***but***

**El** chico está trist**e**.

### plural

¿**Carlos y Luis** están trist**es**? No, están content**os**.

***but***

Los chicos y las chicas están content**os**.

*Feminine*

**La** catedral no está abiert**a**.

**Ana** está content**a**.

**La** chica está trist**e**.

¿**María y Paloma** están trist**es**? No, están content**as**.

Los chicos y las chicas están trist**es**.

## E Une.

1 Isabel y Marta
2 Carlos
3 Mis abuelos
4 La ventana
5 La puerta
6 Mi tía

a) no está en el colegio porque está enfermo.
b) está cerrada porque hace frío.
c) no está cerrada porque hace calor.
d) está aburrida porque no puede salir.
e) están contentos en Madrid.
f) están contentas en Perú.

## F Escoge y escribe la palabra correcta.

1 Mi tía está (enfermo, enferma).
2 La ventana está (cerrado, cerrada).
3 Mi abuelo está (enfadado, enfadada).
4 Pedro está (aburrido, aburrida).
5 El supermercado está (abierto, abierta).
6 La carnicería está (cerrado, cerrada).
7 Mi (padre, madre) está aburrida.
8 Mi (abuela, tío) está contento.

## G 🎧 Escucha y completa cada frase con la palabra que falta.

1 Mi _____ está enfermo.
2 Mi _____ está aburrida.
3 Mamá está _____ con mi hermano.
4 El hotel está _____ en enero.
5 Mi amigo no está en el colegio porque está
   _____.
6 Isabel está _____ porque hace buen tiempo.
7 La carnicería está _____ en agosto.
8 ¿Está el supermercado _____ ?
9 Mis hermanos están _____ porque está lloviendo.
10 Mis primas están _____ porque está nevando.

## H Oral. Con tu compañero/a

Mira otra vez las fotos en la página 68. Describe una persona; tu compañero/a identifica la foto.
*Ejemplo:*  Está triste. Foto número 5.

## I Escoge: *caliente* o *frío*.

1 Los cafés (están/está) (fríos/caliente).
2 Los tés (está/están) (calientes/frías).
3 La limonada (están/está) (fría/frío).
4 La leche (está/están) (frío/caliente).
5 Las tostadas (está/están) (fríos/calientes).
6 La cerveza (está/están) (fría/calientes).

## J Oral

Haz preguntas y respuestas con tu compañero/a.
¿Cómo te gusta _____ frío o caliente?
¿Cómo te gustan _____ fríos o calientes?
Responde utilizando **frío, fría, fríos, frías, caliente, calientes**.
*Ejemplo:*  ¿Cómo te gusta la leche? Me gusta la lecha fría.

1  *el vino*

2  *el café*

3  *las tostadas*

4  *el té*

5  *el cacao*

6  *la sopa*

7  *la tortilla*

8  *los guisantes*

9  *la cerveza*

10  *los zumos*

## K Oral/escrito

Describe el desayuno que prefieres ... y un desayuno horrible.
*Ejemplo:*
El desayuno que prefiero: café caliente, cereales con leche fría, ...
Un desayuno horrible: té frío, tostadas frías, ...

LdeE 7, 8, 9, 10, 11 ▶

### Aprende 49 🎧

| **Estar = *to be*** | | **Ser = *to be*** | |
|---|---|---|---|
| estoy | *I am* | soy | *I am* |
| estás | *you are* | eres | *you are* |
| está | *he/she is* | es | *he/she is* |
| estamos | *we are* | somos | *we are* |
| estáis | *you are* (pl) | sois | *you are* (pl) |
| están | *they are* | son | *they are* |

*Use* **estar** *for place or position*

| Estoy en Marbella. | *I am in Marbella.* |
|---|---|
| ¿Estás aquí? | *Are you here?* |
| Están en mi habitación. | *They are in my room.* |

*And for temporary situations, moods and conditions that are expected to change*

| Está enferma. | *She is ill (but expected to get better).* |
|---|---|
| Estoy enfadado. | *I am angry.* |
| Están cansados. | *They are tired.* |

*Use* **ser** *for permanent states (characteristics, identity – things not expected to change)*

| Soy Paulo. | *I am Paulo.* |
|---|---|
| Es el padre de Paulo. | *He is Paulo's father.* |
| Es bueno con su familia. | *He is good with (to) his family.* |

*Está sola*

*La abuela está sentada*

*Son mis amigos.*

*Son las chicas de mi clase.*
*Están en el parque.*

*Carmen está preocupada*

*Carmen, ¿es seria o está seria?*

## L Utiliza *ser* o *estar* correctamente.

1 Mariano _____ el padre de Isabel.                    (es/está)
2 _____ enfadado con su hija.                          (es/está)
3 Isabel _____ en Francia sin permiso de sus padres.   (es/está)
4 La madre también _____ enfadada.                     (es/está)
5 Isabel _____ muy desobediente.                       (es/está)
6 Sus padres _____ muy tristes.                        (son/están)
7 Isabel y Carlos _____ estudiantes.                   (son/están)
8 Eduardo no _____ muy inteligente.                    (es/está)

## M Utiliza *son* o *están*.

1 _____ hermanos.        5 _____ cerrados.        9 _____ sorprendidos.
2 _____ inteligentes.    6 _____ desobedientes.   10 _____ a la derecha.
3 _____ allí.            7 _____ pilotos.         11 _____ enfermeras.
4 _____ aquí.            8 _____ carniceros.      12 _____ enfermos.

## N 🎧 Escucha las frases.

¿Qué palabras faltan? Decide: ¿*ser* o *estar*?
¿Qué forma del verbo? Escribe las palabras. Después, escucha las frases completas para comprobar tus respuestas.

*Ejemplo:* 1 están.

1 Los padres de Eduardo también _____ enfadados.
2 Ahora la madre de Isabel _____ en Perú.
3 Ay, _____ muy cansado.
4 Mis hermanos no _____ aquí – mi hermana
   _____ en Londres y mis hermanos _____ en Madrid.
5 Carlos e Isabel _____ sin su madre y Mariano _____ sin su mujer.
6 Mi madre _____ secretaria. Mi padre _____ profesor pero no trabaja porque _____ enfermo.
7 El profesor _____ muy enfadado porque todos los estudiantes _____ desobedientes.
8 Isabel _____ arrepentida porque su padre _____ bueno con sus hijos.

### Aprende 50 🎧

**y (e) = *and***
When **i** or **hi** follows **y**, it changes to **e**.
Isabel **y** Carlos *but* Carlos **e** Isabel

**o (u) = *or***
When **o** or **ho** follows **o**, it changes to **u**.
seis **o** siete *but* siete **u** ocho

## O Escribe y o e

*Ejemplo:* Pepe ... Ahmed =
Pepe **y** Ahmed
1 María ... Teresa
2 Inglaterra ... España
3 España ... Inglaterra
4 chinos ... indios
5 interesante ... imposible
6 interesante ... inteligente
7 hijos ... hijas
8 padres ... tíos

Escribe **o** o **u**.
9 cuatro ... cinco
10 diez ... once
11 escrito ... oral
12 setenta ... ochenta
13 minutos ... horas
14 horas ... minutos
15 setecientos ... ochocientos
16 Madrid ... Oslo

| | |
|---|---|
| **Lunes:** | cine con Pepe e Ignacio |
| **Martes:** | discoteca hasta las diez u once de la noche |
| **Miércoles:** | estudiar geografía: Egipto e Israel |
| **Jueves:** | salir con Mario, María e Isabel |
| **Viernes:** | repasar francés e inglés |
| **Sábado:** | pedir a papá siete u ocho mil dólares |
| **Domingo:** | vuelo a Miami u Orlando |

## Aprende 51 🎧

### Los colores

azul – *blue*　　　　verde – *green*
rojo – *red*　　　　　gris – *grey*
amarillo – *yellow*　rosa – *pink*
blanco – *white*　　　lila – *lilac, purple*
negro – *black*　　　 naranja – *orange*
marrón – *brown*

| singular | | plural |
|---|---|---|
| amarillo | -a | -os -as |
| blanco | -a | -os -as |
| negro | -a | -os -as |
| rojo | -a | -os -as |
| azul | | azules |
| marrón | | marrones |
| verde | | verdes |

(de color) lila
(de color) naranja
(de color) rosa

## P Identifica a las personas.

*Ejemplo:* 1 C

1 Tiene los ojos azules y el pelo negro. Lleva una camiseta roja y blanca.
2 Tiene los ojos verdes y el pelo rubio. Lleva una camiseta azul y blanca.
3 Tiene los ojos marrones y el pelo castaño. Lleva una camiseta blanca y roja.
4 Tiene los ojos negros y el pelo negro y largo. Lleva un camiseta amarilla.
5 Tiene los ojos azules y el pelo castaño y corto. Lleva una camiseta verde y azul.
6 Tiene los ojos verdes y el pelo negro. Lleva una camiseta blanca y amarilla.
7 Tiene los ojos marrones y el pelo rubio y largo. Lleva una camiseta roja.

## Q Escoge la respuesta adecuada.

1 Mis hermanos son _____ (altos/altas).
2 Tiene los ojos _____ (marrones/marrón).
3 Los ojos de mi madre son _____ (verde/azules).
4 El pelo del abuelo es _____ (negro/rubios).
5 El perro de Saulo es _____ (pequeños/grande).
6 La amiga de la madre es _____ (alto/interesante).
7 Los ojos de los niños son _____ (verdes/azul).
8 Las gafas de Yolanda son _____ (grande/azules).
9 El amigo del hermano es _____ (gordo/gorda).
10 La casa de los abuelos es _____ (nuevos/moderna).

## Aprende 52 🎧

muy = *very*    bastante = *quite, fairly*
*They remain the same whether the adjective is masculine or feminine, singular or plural.*

Mis tres hermanos son **bastante** altos; mi hermana es **bastante** gorda pero mis hermanos son **muy** delgados.

## R 🎧 Escucha, lee y contesta a las preguntas.

### Carmen describe a su familia

Mi padre Juan tiene treinta y seis años. Es hij**o** únic**o**. Es rubi**o** y de estatur**a** median**a**. Es bastante delgad**o**. Tiene **el** pelo muy cort**o** y castañ**o**. Tiene **los** ojos marron**es**.

#### ¿Verdadero o falso?

1 Juan tiene menos de cuarenta años.
2 Tiene dos hermanas.
3 Es muy alto y moreno.
4 No tiene pelo negro.
5 No tiene ojos verdes.

Mi madre Yolanda tiene treinta y tres años. Es moren**a** pero tiene **los** ojos azul**es**. Es baj**a**, delgad**a** y muy guap**a**. Tiene **el** pelo lis**o**. Mi madre a veces lleva gafas.

#### Contesta en inglés.

6 Is Carmen's mother older than her father?
7 Is she fair with green eyes?
8 Is she tall and thin?
9 Describe her hair.
10 What does she sometimes wear?

Mi hermano Saulo tiene doce años. Es bastante baj**o**. Es muy delgad**o**. Tiene **el** pelo rubi**o** y cort**o**. Tiene **los** ojos oscur**os**. Aquí estamos los dos peleando. Saulo tiene un perro que se llama Listo. Listo es de color marrón. También tiene un loro. **El** loro de Saulo es blanc**o**, roj**o**, **verde** y **azul**, es muy **grande** y se llama Kiko.

#### Contesta en inglés.

11 ¿Cuántos años tiene Saulo?
12 ¿Es alto y moreno?
13 Describe el pelo de Saulo.
14 ¿Cómo se llama el perro de Saulo?
15 Describe el loro de Saulo.

#### Estudia la foto de Carmen.

16 Escoge frases de la casilla para ver cómo se describe Carmen.

Soy morena./Soy rubia./Tengo el pelo corto./Tengo el pelo largo./Tengo el pelo liso./Tengo el pelo rizado./Soy de estatura pequeña./Soy alta./Soy guapa./Soy fea.

Mi abuela se llama Elvira. Tiene sesenta y cuatro años. Es moren**a** y alt**a**. Tiene **los** ojos marron**es** y pel**o** castañ**o**. No tiene animales en casa.

Mi abuelo se llama José. Tiene sesenta y cinco años. Es moren**o** y alt**o**. Tiene el pelo canos**o**, **los** ojos verd**es** y much**a** barrig**a**.

#### ¿Verdadero o falso?

17 Los abuelos son altos y morenos.
18 La abuela tiene el pelo canoso.
19 El abuelo es mayor que la abuela.
20 El abuelo tiene animales.

**LdeE 15, 16, 17** ▶

**Aprende 53** 🎧

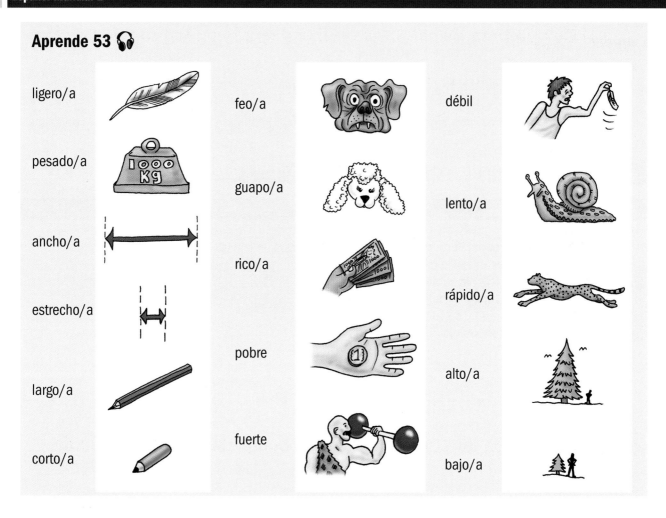

ligero/a

pesado/a

ancho/a

estrecho/a

largo/a

corto/a

feo/a

guapo/a

rico/a

pobre

fuerte

débil

lento/a

rápido/a

alto/a

bajo/a

## S Escrito

Lee esta descripción y adáptala para describirte a ti mismo/a.

Me llamo Alejandro. Tengo 13 años. Soy bastante alto, no muy guapo y tengo los ojos azules.
Tengo el pelo corto. Soy moreno con pelo negro. No soy muy delgado.

## T Oral/escrito

Elige un adjetivo de la lista de Aprende 53.

1 La caja es muy _____.
2 Los toros son muy _____.
3 El monstruo es muy _____.
4 La habitación es bastante _____.
5 La tortuga es muy _____.
6 El gigante es muy _____.
7 Mis tíos son bastante _____.
8 La carrera es bastante _____.

## U Utiliza los adjetivos en Aprende 53 y describe los dibujos.

1 La calle

2 Los galgos

3 Carlos

4 El mendigo

5 Las sillas

6 La cuerda

## V (a) Completa la descripción de David con las palabras de la lista.

*David Lara Martínez*

Soy una persona _____, no muy delgada, con el pelo _____ y ojos _____. Soy quizás un poco tímido con desconocidos, pero con mis amigos soy muy _____ y muy extrovertido. Soy también amigable, generalmente suelo hacer muy buenas amigas y _____.

| amigos | alta | moreno | abierto | castaños |

## V (b) Completa la descripción de Beatriz con las palabras de la lista.

*Beatriz Ortega García*

_____ alta y rubia, con el _____ largo. Me considero una persona muy _____, _____ sincera, simpática y me llevo bien con la _____.

| pelo | soy | humana | muy | gente |

## V (c) Adapta los adjetivos de la lista y completa la descripción de Susana.

*Susana Ramelleira González*

Yo soy _____, tengo ojos _____, y soy bastante _____. Me considero bastante _____ y _____ con la gente.

| bajito | moreno | marrón | cariñoso | sincero |

## V (d) 🎧 Escucha a Alejandro y decide: ¿verdadero o falso?

1  Alejandro es bajo.
2  Es rubio.
3  No le gustan los deportes.
4  Piensa que es honesto.
5  Es bueno con sus amigos.
6  Es introvertido.

*Alejandro Chinarro Sánchez*

## V (e) 🎧 Escucha a Esther y rellena.

1  Esther is a good _____ to her friends.
2  She is not very _____.
3  Her height is _____.
4  She is not very _____.
5  She has _____ hair and _____ eyes.

*Esther Sánchez Vazcuñana*

LdeE 18, 19, 20

## Aprende 54 🎧

| País | Idioma | Capital | Habitantes |
|------|--------|---------|-----------|
| Alemania | alemán | Bonn | alemán -a -es -as* |
| Argelia | árabe | Argel | argelino -a -os -as |
| Australia | inglés | Canberra | australiano -a -os -as |
| Austria | alemán | Viena | austriaco -a -os -as |
| Bélgica | francés/neerlandés | Bruselas | belga -a -as -as |
| Brasil | portugués | Brasilia | brasileño -a -os -as |
| Canadá | inglés/francés | Ottawa | canadiense -e -es -es |
| China | chino | Beijing | chino -a -os -as |
| Colombia | español | Bogotá | colombiano -a -os -as |
| Cuba | español | La Habana | cubano -a -os -as |
| Dinamarca | danés | Copenhague | danés -a -es -as* |
| Escocia | inglés | Edimburgo | escocés -a -es -as* |
| Grecia | griego | Atenas | griego -a -os -as |
| India | hindí/hindú | Nueva Delhi | indio -a -os -as |
| Irlanda | irlandés/inglés | Dublín | irlandés -a -es -as* |
| Israel | hebreo | Jerusalén | israelí -í -es -es |
| Jamaica | inglés | Kingston | jamaicano -a -os -as |
| Marruecos | árabe | Rabat | marroquí -í -es -es |
| Nueva Zelanda | inglés | Wellington | neozelandés -a -es -as* |
| Países Bajos | neerlandés | La Haya | holandés -a -es -as* |
| Perú | español | Lima | peruano -a -os -as |
| Polonia | polaco | Varsovia | polaco -a -os -as |
| Portugal | portugués | Lisboa | portugués -a -es -as* |
| Suiza | alemán/francés | Berna | suizo -a -os -as |
| Turquía | turco | Ankara | turco -a -os -as |
| Uruguay | español | Montevideo | uruguayo -a -os -as |

* No accent on feminine and plural endings.

## W (a) Completa las frases.

1  La Habana es la capital de _____
2  Los brasileños hablan _____
3  Los griegos viven en _____
4  El _____ es el idioma de los israelíes.
5  Los neozelandeses son de _____
6  En Suiza hablan _____ y _____
7  El idioma de Argel es el _____
8  ¿Qué idioma hablan en Perú? _____
9  ¿Qué idiomas hablan en Canadá? _____ y _____
10  ¿Qué idioma hablan en los Países Bajos? _____
11  Los habitantes de Perú son _____
12  Los habitantes de Alemania son _____

## W (b) Rellena.

1  Ingrid vive en Copenhague; es _____ y habla _____
2  Hans y Karl viven en Viena; son _____ y hablan _____
3  María y Teresa viven en Montevideo; son _____ y hablan _____
4  Rachid y Mohamed viven en Rabat; son _____ y hablan _____
5  Aileen y Maeve viven en Dublín; son _____ y hablan _____ e _____
6  Joaquim y Ana Paula viven en Lisboa; son _____ y hablan _____

LdeE 21, 22, 23

# Rompecabezas

## X Oral/escrito

**Lee y escoge.**

1 ¿Qué países no están en Europa?
(Jamaica, Bélgica, Perú, Uruguay)
2 ¿Qué país no está en América?
(Brasil, Austria, México, Argentina)
3 ¿En qué país no hablan el inglés?
(Los Estados Unidos, Perú, Irlanda, Jamaica)
4 ¿En qué país no hablan el español?
(Argelia, Chile, Venezuela, Uruguay)
5 ¿En qué país no hablan el francés?
(Canadá, Suiza, Alemania, Bélgica)
6 ¿En qué países no hablan el árabe?
(Polonia, Argelia, Egipto, Irlanda)
7 ¿Qué capitales no están en América?
(Viena, Lima, Bogotá, Pekín)
8 ¿Qué capital no está en Europa?
(Dublín, Varsovia, Edimburgo, Jerusalén)

## Y (a) Ordena las letras y busca los adjetivos.

lirego, espdao, trooc, graol, strhcoee, ofe, rtpoemanti, ligteinente, paugo, biearto, roca, tarabo, oabj, toal, cool, grelisoop, probe, cori, laceinet.

## Y (b) Con la ayuda de tu diccionario rellena con los colores de la lista.

> negros, verde, azul, rojos, negras, blanca/negra, grises, amarilla, blancas, blanca

1 La hierba es _____.
2 La pizarra de mi clase es _____.
3 Los autobuses de Londres son _____.
4 Los taxis de Londres son _____.
5 Las camisetas del Real Madrid son _____.
6 La bandera de España es roja y _____.
7 Generalmente las botas de fútbol son _____.
8 El cielo en verano es _____.
9 La bandera de Argentina es azul y _____.
10 Hay nubes blancas y nubes _____.

## Z Rellena con *es/está* o *son/están*.

Hola Carlos:

Voy a hablar un poco de mi familia. Mi padre _____ carpintero y ahora _____ en su taller. Mi madre _____ en la universidad porque _____ estudiante. Tengo dos hermanos que _____ pilotos; uno _____ en Valencia y el otro en Cuba. Mi hermana _____ dentista y su marido también. _____ de vacaciones en Colombia con mis abuelos que _____ pensionistas. Tengo un tío que _____ soldado pero _____ enfermo.

Hasta pronto,
Cristina

## A Lee y contesta.

Mario no bebe alcohol. Mariano no bebe nada frío.

Martín no bebe nada caliente.

María no bebe ni alcohol ni nada caliente.

1 ¿Quién bebe cerveza?
2 ¿Quiénes beben café?
3 ¿Quiénes beben gaseosa?

## B Lee y contesta.

¿Quién? ¿Quiénes?

| | |
|---|---|
| *Alejandro:* | Pues a mí me gusta mucho comer, pero claro **no** puedo comer demasiado porque **tampoco** es bueno. |
| *Saulo:* | Yo **no** suelo cocinar **nada** en casa, porque no sé. |
| *Carmen:* | La coliflor y la lechuga **no** me gustan **nada de nada**. |
| *Raúl:* | A veces **no** comemos comida típica española. |
| *Lolita:* | No me gustan **ni** las pizzas **ni** las hamburguesas. |
| *David:* | No sé hacer tortilla. **Nunca** entro en la cocina. |
| *Esther:* | En casa **nadie** es vegetariano. |
| *Soledad:* | Mi familia **nunca** come en restaurantes. **Tampoco** vamos a bares de tapas. |

1 ¿En casa de quién todos comen carne?
2 ¿Quién nunca come fuera de casa?
3 ¿Quiénes no saben cocinar?
4 ¿A quién no le gusta la comida extranjera?
5 ¿La familia de quién come comida extranjera?
6 ¿Quién probablemente no come ensaladas?
7 ¿Quién quiere comer mucho pero piensa que es malo?
8 ¿Quién no come siempre comida española?

### Aprende 55 🎧

**Negatives**

**No** como. = *I don't eat.*

**No** bebo **nada**. = *I don't drink anything.*

**Nadie** bebe alcohol en mi casa. = *No one drinks alcohol in my house.*

**No** bebe **nadie** alcohol aquí. = *No one (nobody) drinks alcohol here.*

**Nunca** va a restaurantes. = *He/she never goes to restaurants.*

**No** vamos **nunca** a restaurantes. = *We never go to restaurants.*

**Ni** come **ni** bebe en la cantina. = *He/She neither eats nor drinks in the canteen.*

**No** bebo té. = *I don't drink tea.*

**Tampoco** bebo café. = *Nor do I drink coffee (I don't drink coffee either).*

**LdeE 1, 2, 3** ▶

## C (a) Lee lo que dice Estefanía y decide si estas frases son verdaderas o falsas.

1  En casa de Estefanía comen comida italiana.
2  Su abuelo cocina para la familia.
3  Para la cena comen carne y pescado.
4  De vez en cuando sale a comer.

### Estefanía
Pues la comida sí, suele ser española, mi abuelo tiene un huerto en el pueblo y siempre pues nos trae cosas para comer. Mi madre hace la comida y siempre por las noches suelo cenar verdura y al mediodía siempre como dos platos: de primero, pues sopa, ensaladilla, de segundo plato un filete de pescado o carne. A veces salgo con mis amigos a comer y vamos a tomar una pizza o una hamburguesa.

## C (b) 🎧 Escucha a Roberto y decide si estas frases son verdaderas o falsas.

5  Roberto eats mostly Spanish food.
6  A Spanish omelette contains potatoes.
7  He often eats Italian food.
8  Food is not important to him.

## C (c) 🎧 Escucha a Carlos y decide qué comidas de la lista no menciona.

legumbres, lechuga, coliflor, verduras, carne, pescado, café, cereales, yogures, tostadas, leche, té, zumos, mermelada

## C (d) 🎧 Escucha a Eduardo y contesta en inglés.

8   When do they eat *paella*?
9   When do they eat lentils and vegetable soups?
10  When do they eat fish?
11  Which food does Eduardo like and which does he dislike?
12  What are his preferences?

## D Escribe frases sobre el tema de comidas utilizando los verbos subrayados.

Bueno pues en mi casa suelo comer de todo porque un día hay verduras, un día hay carne, otro día hay … yo qué sé … sopa, lentejas; otro día espaguetis, otro día huevos fritos, de todo, y tortilla, unas hamburguesas, salchichas, las hago yo, porque mis padres llegan tarde de trabajar. A mí la comida que más me gusta son las patatas fritas con huevos fritos y con chorizo.

**LdeE 4, 5, 6, 7** ▶

**Restaurante La Rueda Española**

## CARTA

### *Entremeses*

| | |
|---|---|
| Ensaladilla rusa | 3.00 |
| Jamón y chorizo | 3.50 |
| Sopa de pollo | 2.50 |
| Caldo gallego | 3.50 |
| Gazpacho | 3.00 |
| Fabada asturiana | 3.00 |
| Boquerones en vinagre | 2.50 |
| Boquerones en escabeche | 2.50 |
| Huevos con mayonesa | 2.00 |
| Ensalada mixta | 2.50 |

### *Mariscos*

| | |
|---|---|
| Gambas a la plancha | 7.25 |
| Gambas al ajillo | 8.50 |
| Mejillones | 8.00 |
| Calamares fritos | 7.50 |
| Pulpo a la gallega | 9.20 |

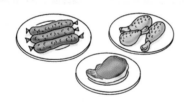

### *Carnes*

| | |
|---|---|
| Lomo de cerdo | 7.25 |
| Ternera empanada | 9.50 |
| Paella (*mínimo dos personas*) | 14.50 |
| Bistec riojano | 10.25 |

### *Pescados*

| | |
|---|---|
| Merluza a la romana | 10.75 |
| Sardinas asadas | 6.50 |
| Pez espada | 10.00 |
| Bacalao a la vizcaína | 7.50 |

### *Postres*

| | |
|---|---|
| Flan | 3.50 |
| Helados variados | 3.25 |
| Fruta del tiempo | 2.50 |

### *Legumbres*

| | |
|---|---|
| Judías verdes | 1.50 |
| Guisantes | 1.50 |
| Patatas salteadas/fritas | 1.25 |

**E** **Busca en tu diccionario y escribe el menú en inglés.**

## F (a) 🎧 Lee y escucha.

Eduardo entra con su amiga Pilar en el restaurante La Rueda Española.

| Camarero: | Buenas noches. |
|---|---|
| Eduardo: | Una mesa para dos, por favor. |
| Camarero: | Sí, señor, ... aquí ... en el rincón. |

Pilar y Eduardo pasan un rato largo estudiando la carta. En la mesa hay un plato de aceitunas.

| Camarero: | Señorita, ¿de primer plato? |
|---|---|
| Pilar: | No quiero ni sopa, ni pescado ... tomamos ensaladilla rusa y paella para dos. |
| Eduardo: | No, no, un momento. No me gusta la ensaladilla rusa. |
| Pilar: | Bueno, entonces, una ensaladilla y ... sí, cambio, tomo la ternera empanada con patatas fritas y guisantes. |

| Camarero: | Muy bien. Ensaladilla rusa de primero, y luego ternera empanada con patatas fritas y guisantes. ¿Y para el señor? |
|---|---|
| Eduardo: | Para mí, gazpacho, gambas a la plancha, huevos con mayonesa, sardinas asadas y un bistec con patatas fritas, guisantes ... y judías verdes. |

| Camarero: | Sí señor, ¿eso es todo? |
|---|---|
| Pilar: | Sí, eso es todo, gracias. |
| (a Eduardo) | ¡Qué barbaridad! ¡Comes demasiado! |
| Eduardo: | ¡Claro! ... si tengo mucha hambre. |
| Camarero: | Bueno y ... ¿para beber? |
| Pilar: | Sí, una botella de Rioja, una de Valdepeñas y ... |

¡Nada más!

| Eduardo: | ¡Bueno, bueno! ¡Ya está! ¡Qué horror! ¡Qué borracha! ¡Bebes demasiado! |
|---|---|
| Pilar: | ¡Claro! ... si tengo mucha sed. |
| Camarero: | ¿Y de postre? |
| Eduardo: | Para mí ... |
| Pilar: | De postre, nada. Eso es todo, gracias. |

Tres horas más tarde.

| Camarero: | La cuenta, señor. |
|---|---|
| Eduardo: | Gracias, la señorita paga. |
| Pilar: | ¿Yo? ¡No! ¡Pagas tú! Y la próxima vez, con mi próximo novio, pago yo. |

## F (b) Decide si las siguientes frases son verdaderas, falsas o probables.

Eduardo dice:

1 En casa como mucho.
2 No me interesa la comida.
3 Me gusta Pilar.
4 No me gusta el arroz.
5 No me gustan las legumbres.
6 Mi amiga bebe demasiado.

Pilar dice:

7 No me gusta el pescado.
8 No me interesa comer mucho.
9 Quiero ordenar postre para Eduardo.
10 No nos gusta el postre.
11 Nunca como con Eduardo.
12 Me interesa mucho Eduardo.

LdeE 8, 9, 10

## Aprende 56

**más de** = *more than (number)*      Gasto **más de** cien euros.

**menos de** = less than (number)      Hay **menos de** diez personas.

*When using nouns or adjectives:*

**más que** = *more than*    Como **más que** mi hermano. Bebo **más** leche **que** tú.
                      Soy **más** alto **que** él. Es **más** inteligente **que** yo.

**menos que** = *less than*   Salgo **menos que** Clara. Tengo **menos** dinero **que** tú.
                      Soy **menos** fuerte **que** él. Es **menos** tímido **que** yo.

*Hay más caramelos que en mi casa*

## G Escoge

1  El pescado me gusta un poco _____ la carne.   (menos que/menos de)
2  El pescado cuesta _____ 20 euros.   (más que/más de)
3  El pescado es _____ caro _____ la carne.   (más … que/más … de)
4  Mi abuelo tiene _____ sesenta años.   (más que/más de)
5  Es _____ simpática _____ tu madre.   (menos … que/menos … de)
6  Beben _____ vino _____ cerveza.   (menos … que/menos … de)

## H Oral/escrito

*Tiene más de dos años.*

Contesta a las preguntas en español.

1  ¿Te gusta el café más que el té?
2  ¿Hay más chicos que chicas en tu clase?
3  ¿Son más de las diez?
4  ¿Tienes más de quince años?
5  ¿Eres más alto/a que tu profesor(a)?

6  ¿Hay más habitantes en tu país que en Rusia?
7  ¿Hay más de seis personas en tu familia?
8  ¿Sois más de veinticinco en la clase?
9  ¿Hablas más que tu profesor(a)?
10  ¿Qué cuesta más: una bicicleta o una moto?

## I  Escucha y decide cuál de los dibujos están describiendo.

1  a       b

2  a      b

3  a      b

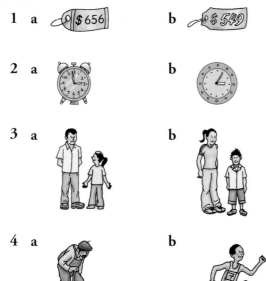

4  a      b

5  a       b

6  a      b

7  a       b

8  a       b

   c       d

### Luisa

Me gustan mucho las hamburguesas normalmente o las pizzas y me encantan los dulces de chocolate. Me encanta todo lo que pone mi madre. Me gusta comer mucho.

### Sebastián

Hombre, ¿la comida? En mi casa como superbién, siempre hay de todo, pero a mí me gusta más la comida de otros países que la española, por ejemplo, las pizzas de Italia, es que me vuelvo loco, hombre. Me gusta mucho también la cocina árabe – a veces vamos a un restaurante árabe. También me gustan el pescado y el marisco. Las tapas me gustan menos que la comida rápida.

### Rosa

Bueno, nosotras solemos desayunar, mi madre, mi hermana y yo, porque mi padre va a trabajar temprano. Solemos desayunar sobre las ocho menos cuarto un desayuno ligero un vaso de leche, un zumo y galletas casi siempre.

### Cristina

Mi comida favorita es la tortilla de patata que está hecha a base de patata, huevo, cebolla y … yo realmente no sé hacerla, yo sólo sé cocinar pizza y macarrones, hamburguesas, aunque no me gustan tanto como la tortilla. El desayuno suele ser un vaso de leche con algunas galletas. Comemos cosas españolas y cocina mi padre casi siempre. Para cenar hago un bocadillo o a veces no como nada.

¡COMPRA UN BOCATTA Y TE REGALAMOS OTRO IGUAL!

### Tristan

Mis padres, por ejemplo, algunas veces desayunan en el bar porque no tienen tiempo pero no es normal ver a mucha gente desayunando en el bar por Cuenca. Y ¿la cena? La cena suele ser bastante ligera, puede ser una pizza, aquí es muy típico cenar pizza, una hamburguesa, un filete, una sopa, cosas así. También en Cuenca se toman mucho las tapas de jamón, de beicon y de queso.

PATATAS ASADAS HNOS. PALMA

SIMPLE
SAL Y PIMIENTA
**2 €**

NORMAL
SAL PIMIENTA
ALIOLI, TOMATE, JAMON YORK
MAIZ Y ACEITUNAS
**3 €**

COMPLETA
SAL, PIMIENTA, ALIOLI
TOMATE, JAMON YORK
MAIZ, ATUN, ZANAHORIA
REMOLACHA, QUESO
Y ACEITUNAS

### José Luis

Pues a ver, mi comida favorita es el cocido, las hamburguesas, las patatas fritas, y hay veces que sí que cocino yo, hago espaguetis, hago cocido, hago lentejas.

Yo en mi casa pongo la mesa, la quito, friego los cacharros y a veces hago la comida.

## J (a) Contesta. ¿Quién?

1 Whose parents have breakfast out?
2 In whose family do three women usually have breakfast together?
3 Who gives the ingredients of a Spanish omelette?
4 Who seems to do all the work at home?
5 Who has a sweet tooth?
6 Who is in favour of foreign food?

## J (b) Contesta en español.

1 ¿A Luisa le gusta la comida de su madre?
2 ¿Qué comidas le gustan a Sebastián?
3 ¿Por qué en casa de Rosa desayunan la madre y las hijas solas?
4 ¿Qué cena Cristina?
5 Según Tristan, ¿qué es típico y qué no es típico en Cuenca?
6 ¿Qué hace José Luis para ayudar en casa?

LdeE 11, 12, 13, 14, 15

## Aprende 57 🎧

### La ropa – clothes

llevar = *to wear*
vestirse = *to get dressed*

Hoy no **llevo** jersey. *I am not wearing a jumper today.*
Me **v**isto en mi habitación. *I get dressed in my room.*

*el jersey/el pulóver*

*los pantalones*

*la camisa/la blusa*

*la falda*

*los zapatos*

*el abrigo*

*la chaqueta*

*la cazadora*

*los calcetines*

*la camiseta*

*la corbata*

*las botas*

Carmen

Conchita

José

Manuela

Miguel

Sonia y Ana

Ana

Teresa

## K  Mira las fotos y busca ¿quién lleva ...

1  ropa deportiva?
2  chaqueta?
3  ropa ajustada?
4  pantalón corto?

5  bufanda?
6  cazadora?
7  disfraz?
8  gafas?

9  pantalones anchos?
10  camiseta?
11  vaqueros?
12  guantes?

## L  🎧 Escucha y decide cuál de las chicas de las fotos habla de la ropa que lleva.

## M  🎧 Oral/escrito

Describe la ropa que llevan en tres de las fotos arriba. Escucha para verificar.

LdeE 16, 17, 18, 19, 20, 21

## La moda y tú

## N Lee

### (a) Busca palabras o expresiones sinónimas a las que están en la lista.

| | | | |
|---|---|---|---|
| yo pienso | lleva | prefiero | atrevida |
| esencial | las personas | cubierta | |

#### Liliana

Pues la moda, a mí me parece muy importante, pero ahora la gente se viste con ropa muy … provocativa y no me gusta. A mí me gusta más ir de estilo sport y más tapada, no tan elegante.

### (b) Rellena con los verbos sigiuentes.

| | | | | |
|---|---|---|---|---|
| es | me gusta | ir | es | piensan |

#### Javi

Aunque mis padres y mis amigos _____ que la moda no _____ importante, para mí _____ muy importante. _____ la ropa, _____ a la moda, sobre todo a mi edad.

### (c) Do you agree with Eva's approach to fashion?

#### Eva

A mí la moda me parece que es importante pero hasta cierto punto. Tengo que sentirme cómoda. Me gusta todo tipo de ropa, no compro nada muy especial.

### (d) ¿Verdadero o falso?

#### Ricardo

¿La moda? No, no es muy importante porque no es necesario juzgar a las personas por su forma de vestir. Yo veo a las personas más por su forma de ser y cómo son por dentro porque posiblemente ves a un chico que va bien vestido y es muy tonto y otro que va más normal y … es buena persona.

Ricardo piensa …

1  que la moda es esencial en su vida.
2  que es necesario vestir bien para ser bueno.
3  que la forma de ser es más importante que la forma de vestir.
4  que los chicos bien vestidos son muy tontos.
5  que los chicos normales van mal vestidos.

## O Escucha lo que dicen pilar, Soledad y Mario y haz el ejercicio.

### Pilar

#### ¿Verdadero o falso?

1  Pilar does not care about fashion.
2  She thinks you have to be like other people.
3  She does not like to choose her own clothes.
4  She dresses like her friends.
5  She likes to be original.

### Soledad

#### ¿Verdadero o falso?

6  Para Soledad la moda es esencial.
7  Sigue la moda porque sus amigas la siguen también.
8  Piensa que la ropa moderna es muy cómoda.

### Mario

#### Contesta en inglés.

9  ¿A Mario le importa la moda?
10  ¿Piensa que la gente que viste bien es buena?
11  ¿Qué es lo más importante para Mario?

## P Lee y contesta.

#### Saulo

Para mí la moda es superimportante. Todo: la ropa, los zapatos, el pelo, hasta la cartera para el colegio. Yo voy con mi madre de compras y no siempre vuelvo a casa con todo lo que quiero. Seguir la moda es muy caro porque la moda cambia mucho.

1  How important is fashion to Saulo?
2  What four things does he refer to as relevant to fashion?
3  Why is every shopping expedition not to his satisfaction?
4  What does he concede about fashion and what reason does he give?

### Aprende 58 🎧

**Use of *usted***

*Usted* (*Vd.*) is a polite singular 'you' and is conjugated with the 3rd person singular ('he/she') ending.
*Ustedes* (*Vds.*) is a polite plural 'you' and is conjugated with the 3rd person plural ('they') ending.
*Ejemplo:*

(tú) hablas = *to your friend*  Vd. habla = *to someone with whom you would not use the familiar* (tú) *form.*
(vosotros) habláis = *to your friends*  Vds. hablan = *to more than one person, not familiar form*

Por favor, ¿tiene Vd. estos vaqueros en negro?
Sí, señorita. ¿Quiere Vd. el 38 o el 40?

## Q 🎧 Lee y escucha la conversación. Contesta en inglés.

| | |
|---|---|
| Elisa: | Vamos. Mi pasatiempo preferido es ir de compras. |
| Pilar: | Zapatos primero, ¡mira, qué modernos! Tú ¿qué número calzas? |
| Elisa: | Un 37. ¿Me pruebo los rojos y blancos? |
| Pilar: | Sí. Y yo los verdes y amarillos. Mi número es el 39. |
| Dependienta: | Aquí tienen, señoritas. |
| Elisa: | Me están muy bien. ¿Cuánto cuestan? |
| Dependienta: | Son 40 euros, 36 con el diez por ciento (10%) de descuento. |
| Pilar: | Para mí, un número menos. Me están un poco grandes. |
| Dependienta: | ¿Quiere Vd. el 38? |
| Pilar: | No, la verdad es que no me gustan. |
| Elisa: | A mí me encantan. Aquí tiene Vd. señora, 36 euros. |

1 Who really enjoys shopping?
2 Who suggests buying shoes first?
3 Who tries on a size 37 and what colour?
4 What size and colour does Pilar want?
5 Who buys shoes?
6 How much does she save with the discount?
7 What reason does Pilar give for not buying her shoes?
8 How does Elisa feel about her shoes?

## R 🎧 Mira la foto, escucha la conversación y escoge.

| | | | | | | | |
|---|---|---|---|---|---|---|---|
| 1 | Clara prefiere | **a)** | faldas cortas | **b)** | faldas verdes | **c)** | faldas largas. |
| 2 | Le gustan las faldas | **a)** | vaqueras | **b)** | negras y largas | **c)** | azules. |
| 3 | La falda cuesta | **a)** | más de veinte euros | **b)** | menos de veinte euros | **c)** | seis euros. |
| 4 | Son muy baratas en | **a)** | el supermercado | **b)** | la tienda de modas | **c)** | el mercado. |
| 5 | A Sara no le gustan las faldas | **a)** | largas | **b)** | vaqueras | **c)** | negras. |
| 6 | Clara compra | **a)** | una falda | **b)** | dos faldas | **c)** | tres faldas. |

## Aprende 59 🎧

### Buying quantities and sizes

| | | |
|---|---|---|
| Quisiera | medio kilo/un kilo/tres kilos y medio | de patatas/de cebollas |
| Compra | medio litro/un litro/veinte litros | de leche/gasolina sin plomo |
| Necesito una talla | grande/mediana/pequeña. (*size of clothes*) | |
| Voy a probar un tamaño | más grande/mediano/más pequeño. (*size*) | |

Una talla pequeña para mi hermanito, mediana para mí, y grande para mi padre.

Un tamaño pequeño para mí, más grande para mi amigo, y mediano para mi hermana.

### Using *mí* and *ti* after prepositions.

You need the 'prepositional pronouns' *mí* and *ti* for 'me' and 'you' after prepositions such as *para*:

*para mí*      for me

*para ti*      for you

*Mí* has an accent simply to distinguish it from the possessive adjective, *mi*.

*Aquí hay zapatos de tenis y botas de todos los colores y tipos*

*Aquí hay flores, cebollas y ajos; todo de plástico. Los hay grandes, medianos y pequeños*

## S 🎧 Escoge lo más lógico.

Escucha la grabación para comprobar tus respuestas.

1  Quisiera
   a)  un kilo de patatas y tres litros de gasolina sin plomo
   b)  dos kilos de ajos y una cebolla
   c)  mil litros de leche

2  Prefiero
   a)  los zapatos que no me gustan
   b)  las botas grandes y los calcetines pequeños
   c)  los jerseys rojos y grandes

3  ¿Tiene usted un número más grande?
   a)  ¿Ocho o diez litros?
   b)  ¿Por qué? ¿El treinta y ocho te está pequeño?
   c)  ¿Diez litros de leche más?

4  Para mi hijo de siete años quisiera
   a)  una talla enorme
   b)  una talla grande
   c)  una talla pequeña

5  Calzo
   a)  un treinta y ocho los lunes y un cuarenta los martes
   b)  números pequeños y grandes
   c)  el número treinta y siete

6  Quisiera
   a)  un litro de leche y cinco litros de café con leche
   b)  un ramo de flores para mi novia
   c)  patatas enormes y cebollas medianas

LdeE 22, 23

## T 🎧 Lee y escucha

### El Guardarropa de Mari-Carmen

Mari-Carmen es una chica ecuatoriana que está estudiando inglés en Londres. Su pasatiempo preferido es comprar ropa. Sus padres mandan dinero para libros pero Mari-Carmen gasta casi todo en ropa. Vive en un piso con dos chicas más: una estadounidense y otra ecuatoriana. Tiene un guardarropa enorme en su habitación que está lleno de zapatos y de ropa.

*De pequeña, le gustaba la ropa roja*

Hay unas 20 blusas, muchas de seda, de todos los colores. Tiene cantidades de camisetas y jerseys. Hay chaquetas, abrigos, impermeables y tres paraguas. Su color preferido es el rojo. Tiene muchos pantalones rojos, vaqueros azules y verdes y más de 25 pares de zapatos, de tacón alto, sin tacón, zapatillas y zapatos de tenis. Hay también una infinidad de medias, de pañuelos y de ropa interior.

*Cuándo sale, se pone jersey rojo*

*A toda la familia les gusta …
¡el rojo!*

En la estantería hay dos libros, *Inglés en un mes* y *Los jóvenes y la moda*. La verdad es que Mari-Carmen quiere abrir una tienda de moda en Quito, y está buscando ideas nuevas.

*¡Seguramente lleva falda roja …!*

## U Decide si las siguientes frases son verdaderas o falsas.

1  Mari-Carmen compra mucha ropa.
2  Vive con tres chicas.
3  El azul es su color preferido.
4  Solamente tiene 20 pares de zapatos.
5  Piensa que el inglés es más importante que la moda.
6  Su guardarropa no está casi vacío.
7  Compra muchas corbatas.

# Rompecabezas

## V ¿Cuál no pertenece?

1  vino, café, tostadas, té
2  tortilla, guisantes, cerveza, sopa
3  abierto, contento, triste, están
4  habitación, jardín, tienda, cuarto de baño
5  biblioteca, teatro, casa, museo
6  subes, voy, estoy, bebo
7  avión, vuelo, piloto, aduana
8  María, Mariano, Martín, Mario
9  maleta, gaseosa, hermana, padre
10  pintar, vivo, escribir, llorar
11  guantes, chaqueta, bufanda, gafas
12  color, ropa interior, vestir, impermeable

## W Escribe correctamente.

> imepermebla, ucaqetha, fubanad, zatapso,
> caltecnesi, casimeta, rrrgudapoaa, bortaca.

## X Work out this restaurant bill and answer the questions.

### La cuenta

Una paella para dos personas = 10€
Dos ensaladas mixtas, a 2,00€ cada una =
Dos flanes, a 2,50€ cada uno =
Dos botellas de Rioja, a 9€ la botella =
2 x pan, a 2€ por persona =

1  ¿Qué toman de postre?
2  ¿Qué cambio reciben de 50€?

## Y Busca las terminaciones/respuestas adecuadas.

*Ejemplo:*  1 j

1  No compramos carne los domingos _____
2  Subimos las escaleras _____
3  No estudio mucho en el colegio _____
4  No vivo en Londres _____
5  No bebe leche fría _____
6  No hablan _____
7  Discute mucho _____
8  ¿Trabajáis los sábados? _____
9  No vivo en Francia _____
10  ¿Está lloviendo? _____
11  Me gusta la cerveza fría _____
12  No compran diamantes _____
13  El sombrero no está allí, _____
14  No paso las vacaciones en Málaga _____
15  ¿Qué hora es? _____
16  ¿Qué están haciendo? _____
17  Las botellas no están en la caja, _____
18  Estoy en el balcón _____

a)  porque no me gustan las capitales.
b)  porque no me gustan los profesores.
c)  cuando hace mucho calor.
d)  porque no me gusta el sur de España.
e)  porque no hay ascensor.
f)  con su hermano.
g)  Son las seis menos cuarto.
h)  cuando hace frío.
i)  No, pero hace mal tiempo.
j)  porque la carnicería está cerrada.
k)  está aquí.
l)  No, los fines de semana, no.
m)  Están pintando.
n)  porque hace mucho calor en la habitación.
o)  porque no tienen dinero.
p)  porque no comprendo el francés.
q)  porque están muy tristes.
r)  están allí.

## Aprende 60 🎧

### El cuerpo de Pepe

Pepe dice ...

Me duele la cabeza.
= Tengo dolor de cabeza.
*I have a headache.*

Me duele el estómago.
 = Tengo dolor de estómago.
*I have stomach ache.*

Me duel**en las** muel**as**.
= Tengo dolor de muelas.
*I have toothache.*

A Pepe ...

le duele la barbilla
*Pepe's chin hurts*

le duelen las rodillas
*Pepe's knees hurt*

| Doler | |
|---|---|
| me duele (-n) | nos duele (-n) |
| te duele (-n) | os duele (-n) |
| le duele (-n) | les duele (-n) |

le duelen los dedos del pie
*Pepe's toes hurt*

## A 🎧 Escucha y decide quién habla.

*María*    *Pilar*    *Isabel*    *Teresa*    *Carlos*

*La Sra. Salinas*    *Ahmed*    *Steve*    *El Sr. Salinas*    *Eduardo*

## B Con tu compañero/a. Contesta en español.

Escoge: Sí, a veces./No, no me duele(n)./Sí, siempre.

1   ¿Vas al médico cuando te duele la cabeza?
2   ¿Te duele el estómago cuando comes demasiado?
3   ¿Tomas calmantes cuando tienes dolor de muelas?
4   ¿Cuándo vas al dentista?
5   ¿Andas mucho cuando te duele la pierna?
6   ¿Te duele la espalda cuando haces mucho ejercicio?
7   ¿Te duele la cabeza cuando escuchas música moderna?
8   ¿Te duelen los pies cuando juegas al fútbol?

## C Une las preguntas con las respuestas.

1   ¿Te duelen los ojos?
2   ¿Le duelen los oídos?
3   ¿Te duele la rodilla?
4   ¿Les duelen las manos?
5   ¿Le duele el pie?
6   ¿Os duele la cabeza?
7   ¿Tienen dolor de estómago?
8   ¿Te duelen los dedos?

a)   Sí, me duele.
b)   Sí, les duelen.
c)   Sí, le duele.
d)   No, no me duelen.
e)   Sí, le duelen.
f)   Sí, nos duele mucho.
g)   Me duelen la mano y los dedos.
h)   ¡Y dolor de cabeza también!

## En el hospital

Carlos vuelve en sí. Está en una habitación privada de un hospital. Las paredes son todas blancas. Sobre una mesita hay vendas y algodón y una botella con jarabe.

Carlos no puede moverse. Tiene mucho dolor. Tiene la pierna derecha y el brazo izquierdo vendados.

Entonces entra una enfermera y Carlos pregunta en seguida:

*Carlos:*  ¿Dónde estoy? ¿Dónde está mi padre? ¡Quiero ver a mi padre!

*Enfermera:*  Estás en Madrid, y no puedes ver a tu padre en este momento.

*Carlos:*  ¿En Madrid? ¡Imposible! Pero ¡vivo en Alicante! No puede ser. Y mi hermana Maribel, mi madre, ¿dónde están?

*Enfermera:*  ¿Qué madre? ¿Quién es Maribel? No puedo decirte nada, porque no sé nada.

*Carlos:*  Y ¿por qué no puedo ver a mi padre?

*Enfermera:*  Está en el quirófano, y hay dos cirujanos operándole.

## D Lee el texto 'En el hospital'.

Une las siguientes preguntas con las respuestas apropiadas.

1 ¿Por qué hay vendas y algodón en la mesita?
2 ¿Por qué no puede moverse Carlos?
3 ¿Por qué no puede ver a su padre?
4 ¿Carlos vive en Madrid o en Alicante?
5 ¿Por qué dice la enfermera que no puede decirle nada?

a) Porque está muy enfermo.
b) Porque no sabe nada.
c) Porque tiene mucho dolor.
d) Porque está en un hospital.
e) Vive en Alicante.

### Aprende 61 🎧

poder + *infinitive* = *to be able to do something*
no puede moverse = *he can't move*
no puedes ver a tu padre = *you can't see your father*

## E Empareja.

1 No puedo escuchar música
2 El paciente no puede moverse
3 No podemos viajar
4 No pueden ver las telenovelas
5 ¿No puedes verme?
6 En el centro deportivo

a) No, no puedo … ¿dónde estás?
b) podéis jugar al tenis o al bádminton.
c) porque tiene la pierna rota.
d) porque me duelen los oídos.
e) porque la televisión no funciona.
f) porque estamos enfermas.

## F 🎧 Escucha la grabación.

Escribe frases completas para explicar los problemas.

1 _____ _____ enviar sus e-mails, porque su modem no funciona.
2 No puede ir _____ _____ porque no _____ dinero.
3 _____ _____ ducharse _____ tiene el _____ vendado.
4 No puede conducir _____ le _____ los _____.
5 _____ _____ tocar _____ _____ porque _____ la mano _____.

**Estudiar es bueno para la memoria**

## Entrevista

Manuel Ibañez de Radio Juventud:

*Buenas tardes, señores oyentes. Aquí Radio Juventud. Hablamos con Steve Ríos de Nueva York, un joven de 16 años con una memoria extraordinaria.*

| | |
|---|---|
| Manuel: | ¿Cómo te llamas? |
| Steve: | Me llamo Steve Ríos, pero en casa de mis abuelos puertorriqueños soy Esteban. |
| Manuel: | ¿Cuántos años tienes? |
| Steve: | Tengo 16 años; en julio, 17. |
| Manuel: | ¿Dónde vives? |
| Steve: | Vivo en un apartamento, en Queens, en Nueva York. |
| Manuel: | ¿Y tu familia? |
| Steve: | Vivo con mis padres y mi hermano mayor. Bueno, mi hermano tiene 20 años y ahora está viajando por América del Sur. |
| Manuel: | ¿Y tus abuelos? |
| Steve: | Mis abuelos viven muy cerca, en la misma calle. |
| Manuel: | Hablas español muy bien ... |
| Steve: | No, muy bien, no. Bueno, bastante bien. Mis abuelos son de Puerto Rico y siempre hablan español. Mi padre también habla español, pero mi madre es de Chicago, y en casa hablamos inglés. |
| Manuel: | Steve, eres famoso. ¿Por qué? |
| Steve: | Tengo memoria fotográfica. Nunca olvido nada. |
| Manuel: | ¿Y qué estudias? |
| Steve: | Me gustan las matemáticas y los idiomas. También me gusta estudiar las guías telefónicas y los cumpleaños de los mil chicos de mi colegio. |
| Manuel: | Y, el 6 de febrero, 'Young Brain of America', ¿es un día importante para Steve Ríos? |
| Steve: | No, el 6 de febrero no, el 5 de febrero. Sí, un día fenomenal. |
| Manuel: | Steve Ríos, joven, simpático e inteligente. ¡Gracias y buena suerte! |

## G 🎧 Lee y escucha el diálogo.

Contesta a estas preguntas según la entrevista con Steve.

1  The programme takes place: **a)** in the morning. **b)** in the afternoon. **c)** at night.

2  Steve has: **a)** a very bad memory. **b)** an extraordinary memory. **c)** lost his memory.

3  Steve says he is called Esteban: **a)** by his grandparents. **b)** at home. **c)** by his friends.

4  Steve says he will be 17: **a)** in June. **b)** in January. **c)** in July.

5  His brother: **a)** has been travelling for 20 years. **b)** is travelling in South America. **c)** is spending 20 days in South America.

6  His grandparents live: **a)** with him. **b)** near his flat. **c)** very far away.

7  His mother: **a)** is Puerto Rican. **b)** speaks English. **c)** speaks excellent Spanish.

8  When Steve learns something: **a)** he immediately forgets it. **b)** he sometimes forgets it. **c)** he never forgets it.

9  He enjoys 'studying': **a)** telephone numbers and dates of birth. **b)** the names of his school friends. **c)** maps.

10  He won the 'Young Brain of America' contest: **a)** on 6 February. **b)** on 16 February. **c)** on 5 February.

## H Completa las frases.

Steve dice:

1  Mis abuelos son ...

2  En julio tengo diecisiete ...

3  Vivo en un ...

4  Mi hermano está en ...

5  La casa de mis abuelos está ... de mi apartamento.

6  Mi madre es de Chicago y no habla ...

7  Soy famoso porque tengo memoria ...

8  En mi ... hay mil chicos.

9  ... el 'Young Brain of America'.

10  Me ... las entrevistas.

# I 🎧 Oral/escrito

Aquí están unas respuestas. ¿Cuáles son las preguntas?
Escucha la grabación para comprobar tus respuestas.

1  ¿ … ? Me llamo Steve.
2  ¿ … ? No, no tengo 17 años. Tengo 16.
3  ¿ … ? En un apartamento en Queens.
4  ¿ … ? Sí, vivo con mis padres.
5  ¿ … ? No, mi hermano no está en Nueva York.
6  ¿ … ? Sí, hablo español.
7  ¿ … ? No, mi madre no es de Puerto Rico.
8  ¿ … ? No, no hablo español con mi madre.

9  ¿ … ? Soy famoso porque tengo memoria
    fotográfica.
10 ¿ … ? Sí, me gustan los idiomas.

(más difíciles)

11 ¿ … ? Mil.
12 ¿ … ? Es el 5 de febrero.

# J (a) Mira las fotos.

*El comedor de mis abuelos*

*La sala de mis abuelos*

1  ¿El salón de tu casa es más grande o más
    pequeño?
2  ¿Tu cocina es más grande, más pequeña o
    igual?
3  ¿Tienes comedor o sala-comedor?
4  ¿Te gustaría entrevistar a Steve o a sus abuelos?

# J (b) Con tu compañero/a

1  ¿Cuáles son tus pasatiempos?
2  ¿Tienes buena memoria?
3  ¿Tienes familia en América?
4  ¿Tienes abuelos?
5  ¿De dónde son?
6  ¿Viven cerca de tu casa?

*La cocina de mis abuelos*

## K Lee y contesta a las preguntas.

*Tengo dolor de garganta*

### A En la consulta del médico:

| | |
|---|---|
| Paciente: | Me duele la garganta y tengo mucha tos. |
| Médico: | ¿Tienes fiebre? |
| Paciente: | Creo que sí. |
| Médico: | Bueno, aquí tienes unas pastillas y unos antibióticos. Toma los antibióticos antes de comer. |

### B En urgencias:

| | |
|---|---|
| La Señora Dolores: | A mi hijo le duele mucho el brazo. Se ha caído de su bicicleta. |
| Médico: | Necesita una radiografía. Creo que lo tiene roto, pero después de ver la radiografía, vamos a ver. |
| | *(Después de la radiografía)* |
| Médico: | Sí, está roto; una fractura bastante grave. Va a estar escayolado un mes. Nada de jugar al baloncesto. |

### C En el dentista:

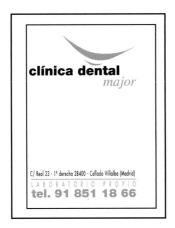

clínica dental
*major*

C/ Real 23 - 1ª derecha 28400 - Collado Villalba (Madrid)
L A B O R A T O R I O   P R O P I O
**tel. 91 851 18 66**

| | |
|---|---|
| Soledad: | Después de comer, me duele mucho esta muela. |
| Dentista: | Sí, hay un problema. Necesitas un empaste. |
| Soledad: | ¿Está Vd. segura que no voy a perder la muela? |
| Dentista: | Absolutamente segura. |
| Soledad: | Pero me duele mucho. |
| Dentista: | ¡Mira, Soledad, la dentista soy yo, y no tú! |

## ¿Quién? ¿Quiénes?

1. ¿Quién está enojada?
2. ¿Quiénes tienen mucho dolor?
3. ¿Quién piensa que sabe más que la profesional?
4. ¿Quién es la madre del chico con el brazo roto?
5. ¿Quién toma la radiografía?
6. ¿De qué?
7. ¿Quiénes no pueden hablar muy bien?
8. ¿Quién vuelve a casa con muchos medicamentos?

### Aprende 62 🎧

#### Antes de/Después de + infinitive
antes de comer = *before eating*
antes de acostarte = *before you go to bed*
después de comer = *after eating*
Después de terminar tus deberes, llámame. =
*When you've finished your homework, give me a ring.*

*Antes de comer …*

#### More uses of *tener*
Tiene el brazo vendado. = *His arm is bandaged.*
Lo tiene roto. = *It's broken.*
Tengo fiebre. = *I've got a temperature./I'm feverish.*
Tienes mucha tos. = *You've got a bad cough.*

## L 🎧 Escucha y rellena con las palabras de la lista.

| cama antibióticos enferma casa estómago jarabe cabeza pastillas tos fiebre segura |

### En la Consulta del médico:

Paciente: Me duele el _____ y tengo dolor de _____ y de oídos.
Médico: ¿Tienes _____?
Paciente: No estoy _____ pero también tengo mucha _____. Estoy bastante _____.
Médico: Bueno, aquí tienes unos _____, unas _____ y un _____. Vas a _____ y vas a la _____ por tres días.

## Aprende 63 🎧

**Este/Esta** *this* (m/f) ...
**Estos/Estas** *these* (m/f) ...

 **este** libro (m)

 **estos** libros (mpl)

 **esta** mesa (f)

 **estas** mesas (fpl)

**But**

 **Esto**
¿Qué es **esto**? *What is this?*

**Ese/Esa** *that* (m/f) ...
**Esos/Esas** *those* (m/f)

  **ese** libro (m)

 **esos** libros (mpl)

 **esa** mesa (f)

 **esas** mesas (fpl)

 **Eso**
¿Qué es **eso**? *What is that?*

## M (a) Escoge 'este', 'esta', 'estos' o 'estas'.

1 botella
2 vitaminas
3 enfermera
4 problema
5 pacientes
6 cama
7 brazo
8 dedos
9 médico
10 farmacia

## M (b) Escoge 'ese', 'esa', 'esos' o 'esas'.

1 camisa
2 gaseosa
3 impermeable
4 cocina
5 teatros
6 colegios
7 amigas
8 ropa
9 madrugada
10 tarde

## N 🎧 Escucha las conversaciones en la farmacia.

Escoge la palabra adecuada para rellenar los espacios en blanco y completa las frases.

1 La farmacéutica da al cliente _____ porque le duelen los _____ y las _____
*una quemadura/unas pastillas/una crema*
2 La farmacéutica da al cliente _____ porque le duele el _____
*un medicamente/unas aspirinas/un jarabe*
3 La farmacéutica da al cliente _____ porque le duele la _____ y tiene _____
*unas pastillas/una llave/unas vitaminas*
4 La farmacéutica da al cliente _____ porque le duele _____ y tiene _____
*una crema/unas vendas/unos antibióticos*

LdeE 4, 5, 6, 7, 8

## Salud y bienestar

### Pirámide de alimentación

| Alimentos | Nutrientes | Cantidad al día |
|---|---|---|
| Pan, pasta, arroz, patatas | Hidratos de carbono (dan energía al cuerpo, vitamina B y hierro) | 6 a 11 porciones |
| Legumbres (hortalizas) | hidratos de carbono, vitaminas (C, A, K, E,…) y minerales | 3 a 5 porciones |
| Fruta | Hidratos de carbono, vitaminas (A, C,…) y fibra | 2 a 4 porciones |
| Leche, yogur, queso | Calcio, proteínas | 2 a 3 porciones |
| Carne, pescado, habas, huevos | Proteínas | 2 a 3 porciones |
| Grasa, aceites y dulces | Grasa, hidratos de carbono y calorías | poca cantidad |

## 0 Une las respuestas a las preguntas apropiadas.

**Respuestas:**
1 Pan, arroz, patatas, pasta.
2 Entre tres y cinco.
3 Hidratos de carbono.
4 Proteínas.
5 Fruta.

**Preguntas:**
a) ¿Qué tipo de alimento contiene mucha fibra?
b) ¿Cuántas porciones de legumbres debes comer al día?
c) De todos los alimentos, ¿qué tipo debes comer más?
d) ¿Cuál es el nutriente en común que existe en productos lácteos, carne, pescado y huevos?
e) ¿Qué nutriente existe en casi todos los alimentos?

## Menú del día

Sabías que el aceite crudo es muy bueno para el corazón y la circulación, y además, no produce colesterol, es muy digestivo y ¡no engorda! Como contiene vitaminas principalmente retrasa el envejecimiento – así que es una fuente de salud.

### Juan

**Desayuno**
Cereales de chocolate y un plátano.
**Almuerzo**
Un trozo de pizza con patatas fritas y salsa de tomate. Un refresco.
**Merienda**
Un buñuelo, un paquete de patatas fritas y cola-cao.
**Cena**
Bocadillo de chorizo con patatas fritas y ensalada de lechuga. Una pera.

### Ana

**Desayuno**
Una taza de té sin azúcar y un trozo de pan integral.
**Almuerzo**
Un vaso de agua sin gas, una ensalada de lechuga, un yogur desnatado con frutos secos. Fruta.
**Merienda**
Ensalada de frutas.
**Cena**
Sopa vegetal, agua mineral y pescado sin grasa.

## P Escoge la respuesta correcta.

1 Ana tiene una dieta:
  a) equilibrada
  b) desequilibrada
2 Juan come demasiado …
  a) legumbres
  b) leche, yogures y queso
  c) grasas, aceites y dulces
3 En la dieta de Ana falta …
  a) legumbres
  b) fruta
  c) azúcar, grasa
4 Los nutrientes que faltan en las dietas de Juan y Ana son …
  a) calcio y proteínas
  b) calorías
  c) vitaminas

### Consejos

- Haz de la comida un momento de placer
- Come lento y mastica bien la comida
- Evita las bebidas alcohólicas y gaseosas, y también comida rica en azúcar
- Mastica bien toda la comida en la boca antes de tomar otro mordisco
- Bebe agua regularmente (por lo menos 1 litro al día)
- Come varias veces al día y respeta el horario de las comidas

## Q (a) Ayuda a Juan y a Ana a comer mejor.

Escribe tres consejos para cada uno.

## Q (b) Haz una lista de tu alimentación diaria y escribe qué aspectos debes mejorar.

LdeE 9, 10, 11

## Salud y trabajo

### Horóscopo

**Mario Cuello Tavares.**  Fecha de nacimiento: 16 de enero 1993.

**Capricornio 22 de diciembre – 21 de enero**

**Salud:** Vas a pasar un mes de mucho frío y unos días de dolor de garganta. Salir abrigado es muy importante.

**Trabajo:** Muchas fiestas hasta el 6 de enero y luego cantidades de deberes de ciencias y un problemita con el profesor de matemáticas.

**Sandra Aguas Fortuna.**  Fecha de nacimiento: 27 de enero 1991

**Acuario 22 de enero – 21 de febrero**

**Salud:** Dos días resfriada en cama, luego un mes de buena salud.

**Trabajo:** Clases fáciles y deberes difíciles.

**Leo García Salinas.**  Fecha de nacimiento: 26 de febrero 1989

**Piscis 22 de febrero – 21 de marzo**

**Salud:** Cuidado con comer poco; el desayuno es muy importante.

**Trabajo:** Bastantes problemas con los deberes de inglés y francés. Vida tranquila la semana antes de Pascua.

**Leonor Tramas Carteya.**  Fecha de nacimiento: 19 de abril 1990

**Aries 22 de marzo – 21 de abril**

**Salud:** Vas a pasar diez días en el sol y vas a sentirte bien y fuerte.

**Trabajo:** Dos semanas de vacaciones sin estudios y luego vas a pasar dos semanas repasando para los exámenes como un loco.

**David Caro Baroja.**  Fecha de nacimiento: 30 de abril 1992

**Tauro 22 de abril – 21 de mayo**

**Salud:** Cuidado con los accidentes deportivos. Este mes el baloncesto es peligroso.

**Trabajo:** Estudiar hasta la madrugada no es bueno. Muchos dolores de cabeza.

**Emma Rioja Logroño.**  Fecha de nacimiento: 13 de junio 1994

**Géminis 22 de mayo – 21 de junio**

**Salud:** Visitas al oculista, problemas de gafas y lentillas.

**Trabajo:** Exámenes importantes. ¡Ahora o nunca!

## R Lee los seis horóscopos y contesta a las preguntas en inglés.

1 Who will probably get headaches from studying late at night?
2 Who should take care with sports? Which one in particular?
3 Who will have eyesight problems?
4 It's now or never for whom and why?
5 Who will get sore throats and why? What is recommended?
6 Who should not miss any meals?
7 Who will have problems with languages?
8 Who will pay for partying too much and how?

## S Contesta a las preguntas.

1 ¿Quién va a ir a la costa?
2 ¿Quién va a tener problemas con su profesor?
3 ¿Quién va a estar unos días constipada?
4 ¿Quién no debe estudiar muy tarde?
5 ¿Quién no va a tener problemas en clase pero sí de noche?
6 ¿Quién va a salir con mucha ropa?
7 ¿Quién va a pagar por las horas en la playa con mucha revisión?
8 ¿Quién no va a trabajar la semana antes de Semana Santa?

## T 🎧 Escucha y contesta en inglés.

*Isabel*
1 When is her birthday?
2 What is her star sign and what does her horoscope say about her examinations?

*Natalie*
3 When is her birthday?
4 What will she need to do to get good grades?
5 How does she feel about this?

*Esteban*
6 When is his birthday?
7 What is his star sign?
8 What subjects will he pass?
9 With what grades?
10 How does he feel about this?

## U 🎧 Escucha y escoge.

*Isabel*

| | | | |
|---|---|---|---|
| 1 Necesita | a) comer mucho | b) ir al gimnasio | c) estudiar todos los días |
| 2 Puede tener | a) dolores de estómago | b) dolor de cabeza | c) dolores de espalda |

*Natalie*

| | | | |
|---|---|---|---|
| 3 Su signo es | a) Virgo | b) Sagitario | c) Capricornio |
| 4 No tiene | a) mucha sed | b) mucha hambre | c) mucho frío |
| 5 Puede tener | a) dolores de estómago | b) dolor de cabeza | c) dolores de espalda |

*Esteban*

| | | | |
|---|---|---|---|
| 6 Su signo es | a) No sabemos | b) Sagitario | c) Capricornio |
| 7 No tiene | a) forma | b) buena salud | c) problemas |

**Laura**

Odio los hospitales y todo tipo de medicamentos, jarabes y pastillas. Les tengo muchísimo miedo a los dentistas y no me gusta entrar ni en una farmacia. Así que como bien, me cuido, y raramente estoy enferma.

**José Javier**

Como mis padres son médicos nunca voy ni a la consulta ni a la clínica, aunque a veces mis padres no están de acuerdo con la diagnosis cuando estoy enfermo.

**Elena**

Como tengo sinusitis y sufro de alergia, suelo estar enferma bastante a menudo. Así que pierdo muchas clases y me cuesta mucho recuperarlas.

**Víctor**

Yo me cuido mucho y hago mucho deporte. Como bastante pero como hago mucho ejercicio no suelo estar enfermo mucho, aunque a veces si paso mucho tiempo en el gimnasio vuelvo a casa con dolor de cabeza.

**Lorena**

**Fernando**

## V (a) Contesta en inglés.

1 What is Laura's attitude to doctors and medicine?
2 What does she say about going to the chemist?
3 How does she avoid being ill?

## V (b) Contesta en inglés.

1 Who treats José Javier when he is ill and why?
2 What does he say about his parents when he is ill?

## V (c) Contesta en español.

1 ¿Por qué suele estar enferma Elena con frecuencia?
2 ¿Por qué tiene problemas con el colegio?
3 ¿Le es fácil recuperar las clases perdidas?

## V (d) Contesta en español.

1 ¿Crees que Víctor es un poco loco en cuestiones de salud?
2 ¿Por qué piensa él que no suele estar enfermo?
3 ¿Cuándo tiene dolor de cabeza?

## V (e) 🎧 Escucha a Lorena y contesta a las preguntas en inglés.

1 Why is Lorena's mum a bit fussy?
2 Who goes to the doctor's and how often?
3 What is her view of their doctor?

## V (f) 🎧 Escucha a Fernando y contesta a las preguntas en inglés.

1 What accidents has Fernando had?
2 What reason does he give for them happening?
3 What does he says about injuries?

**LdeE 12, 13, 14, 15** ▶

# Rompecabezas

## W Busca estas palabras en el buscapalabras.

alergia, boca, cita, cuidarse, dientes, dentífrico, dolor, estrés, higiene, médico, ojo, remedio, salud, s.o.s, vida

| D | E | N | T | I | F | R | I | C | O |
|---|---|---|---|---|---|---|---|---|---|
| H | I | G | I | E | N | E | X | U | A |
| D | X | E | S | T | R | E | S | I | M |
| U | Y | O | N | O | J | O | G | D | E |
| L | B | J | L | T | P | R | Q | A | D |
| A | Z | O | I | D | E | M | E | R | I |
| S | D | L | C | L | X | S | O | S | C |
| C | I | T | A | A | D | I | V | E | O |

Si hay palabras que no conozcas, búscalas en un diccionario.

## Y Escoge todas las respuestas probables.

1 Miguel tiene el brazo derecho roto.
No puede escribir/No puede andar/No quiere jugar al baloncesto/No puede estudiar.

2 María José está en cama con fiebre.
Quiere hacer los deberes/No quiere salir/Quiere jugar al fútbol/No tiene mucho apetito/Quiere bebidas calientes.

3 A Mariano le duele la espalda.
Quiere estar en cama/Quiere jugar al tenis/Está tomando pastillas/Va mucho al gimnasio.

4 A Javier le duele la cabeza.
Quiere jugar al fútbol/Quiere dormir/Quiere subir el volumen de la radio/Toma calmantes.

5 Pablo va a la farmacia.
Compra un litro de leche/Necesita calmantes/Pide un jarabe/Compra cebollas/Lleva sombrero.

6 María Luisa está en la sala de espera de urgencias.
Está preocupada por su madre/Está pálida/Quiere ir de compras/Su padre es médico.

## X Rellena con vocales para formar partes del cuerpo.

C _ B _ Z _          C _ _ LL _          _ S P _ L D _          B R _ Z _ S
C _ D _ S            M _ N _ S            D _ D _ S

P _ _ R N _ S        R _ D _ LL _ S      P _ _ S                N _ R _ Z
_ R _ J _ S          _ J _ S             B _ R B _ LL _         B _ C _

## Z Ordena las letras y forma palabras.

| DEMIMACTOSEN | MRFCIAAA | STAPIASLL | JRBEAA | |
| MALCSANTE | STO | RODOLES | EBRIEF | STIPDOANOC |
| FRIRESAOD | TOOR | GRADRIOIAFA | FREEMNO | SULANTOC |
| STIPOHLA | CINICAL | MEDIOC | TENTDIAS | LUMSEA |

# 9 | Diversiones y deportes

## Aprende 64 🎧

**The preterite or simple past**
**Regular verbs**

| | -ar: hablar | | -er, ir: comer and vivir *(same endings)* | |
|---|---|---|---|---|
| (yo) | habl**é** | *I spoke* | com**í** | *I ate* |
| (tú) | habl**aste** | *you spoke* | com**iste** | *you ate* |
| (él/ella/Vd.) | habl**ó** | *he/she/you (pol) spoke* | com**ió** | *he/she/you (pol) ate* |
| (nosotros) | habl**amos** | *we spoke* | com**imos** | *we ate* |
| (vosotros) | habl**asteis** | *you (pl) spoke* | com**isteis** | *you (pl) ate* |
| (ellos/ellas/Vds.) | habl**aron** | *they/you (pl) (pol) spoke* | com**ieron** | *they/you (pl) (pol) ate* |

*1st person exceptions:*

jugar – jug**ué**;  pagar – pag**ué**; llegar – lleg**ué**; sacar – saq**ué**; marcar – marq**ué**; secar – seq**ué**

empezar – emp**ecé**; comenzar – comen**cé**; rezar – re**cé**

## A Escoge la traducción correcta.

| | | | | | | | |
|---|---|---|---|---|---|---|---|
| 1 | salta | 6 | vivió | a) | they lived | f) | they live |
| 2 | saltó | 7 | vivieron | b) | you lived | g) | I jumped |
| 3 | saltaron | 8 | vivo | c) | he jumps | h) | he jumped |
| 4 | saltan | 9 | viven | d) | they jumped | i) | they jump |
| 5 | salté | 10 | viviste | e) | he lived | j) | I live |

*El profesor de geografía no llegó*

## B Escoge la forma del verbo adecuada.

1 Mis hermanos _____ anoche a las nueve. *(salimos, salió, salieron)*
2 Mi padre y yo _____ al cine a las once. *(llega, llegamos, llegó)*
3 (tú) ¿_____ con tus amigos ayer? *(hablaste, habló, hablasteis)*
4 En la fiesta (yo) _____ demasiado pero _____ poco. *(comió, bebí, comí)*
5 ¿_____Vd. un coche nuevo la semana pasada? *(compró, compré, compraste)*
6 El padre de mi amigo _____ la lotería el mes pasado. *(ganaron, gané, ganó)*
7 Anoche mis padres _____ de la discoteca a la una. *(volvieron, volvió, volvimos)*
8 Anteayer (yo) _____ diez mensajes por correo electrónico. *(recibió, recibiste, recibí)*

## C 🎧 Escucha y decide cuál de las dos frases es la traducción exacta, a) o b).

| | a) | b) |
|---|---|---|
| 1 | I speak to his father | I spoke to his father |
| 2 | he speaks to his uncles | he spoke to his uncles |
| 3 | they live in Madrid | they lived in Madrid |
| 4 | they don't live together | they didn't live together |
| 5 | do you live there? | did you live there? |
| 6 | they talk all night | they talked all night |
| 7 | he doesn't think about his parents | he didn't think about his parents |
| 8 | they buy fruit | they bought fruit |

*Hablaron mucho en la clase de inglés*

### Aprende 65 🎧
### Useful expressions

Busca y aprende los significados de las siguientes expresiones. Son muy útiles para escribir en el pretérito.

ayer, ayer por la tarde, anoche, anteayer, la semana pasada, el mes pasado, el año pasado, el lunes (pasado), hace dos días, hace cinco minutos, hace un mes, esta mañana.

*Pasaron el día en las montañas*

## D Escribe los verbos en el pretérito.

*Ejemplo:*  **Bajan** del tren en Chamartín. (**bajar**) *Bajaron del tren en Chamartín.*

| | | | | | |
|---|---|---|---|---|---|
| 1 | **Suben** a las montañas. | (**subir**) | 6 | Carlos **bebe** mucho pero | (**beber, comer**) |
| 2 | **Llegan** a unas cuevas. | (**llegar**) | | no **come** nada. | |
| 3 | Sus padres **pasan** la noche de guardia. | (**pasar**) | 7 | Los chicos **charlan** toda la noche. | (**charlar**) |
| 4 | Las madres **protestan**. | (**protestar**) | 8 | Por la mañana **salen** de la cueva. | (**salir**) |
| 5 | **Llevan** la comida a otra cueva. | (**llevar**) | | | |

## E (a) Describe los dibujos en el pretérito utilizando los verbos sugeridos.

### Pepe y María, su mujer

*Ejemplo:*  (saltar:) Pepe **saltó** del balcón

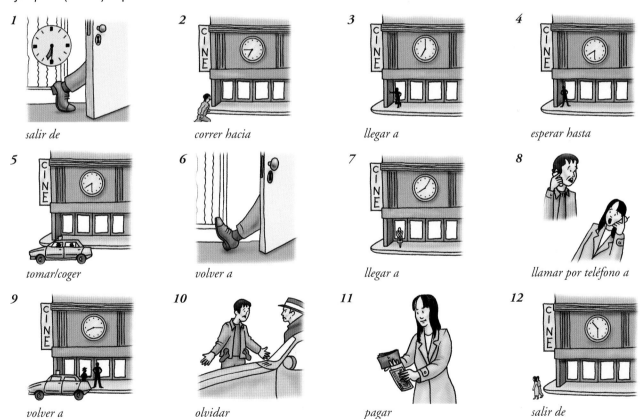

| 1 *salir de* | 2 *correr hacia* | 3 *llegar a* | 4 *esperar hasta* |
|---|---|---|---|
| 5 *tomar/coger* | 6 *volver a* | 7 *llegar a* | 8 *llamar por teléfono a* |
| 9 *volver a* | 10 *olvidar* | 11 *pagar* | 12 *salir de* |

## E (b) Reescribe las frases, añadiendo una expresión de Aprende 65 a cada frase.

**LdeE 1, 2, 3**

*Ejemplo:*  Hace cinco minutos, Pepe saltó del balcón.

### Carmen

El verano pasado fui a Málaga de vacaciones con mi familia. Viajamos en el tren de alta velocidad de Madrid a Málaga. Durante el viaje jugué a las cartas con mi hermano, charlé con mi familia, vimos un vídeo, escuchamos música, comimos en el restaurante, leí revistas y tebeos. En Málaga nos quedamos quince días en un apartamento alquilado. Fuimos a la playa, tomamos el sol, nadamos en el mar y en la piscina.

Una noche fuimos al parque de atracciones hasta las dos de la mañana. Otro día hicimos submarinismo.

También fuimos de pesca con mi padre, y mi hermano pequeño y mi padre pescaron un pez grande.

Yo conocí a chicos y chicas de otros países y salí con ellos varias veces, fuimos a las heladerías a tomar un helado, visitamos las tiendas, el puerto.

Lo pasé muy bien y quiero volver el año que viene.

## F (a) Lee y decide.

### ¿Las siguientes frases son verdaderas o falsas?

1. Carmen fue con su familia al sur de Francia.
2. Viajaron en un tren muy lento.
3. Carmen hizo muchas cosas durante el viaje.
4. Se alojaron en un hotel.
5. Solamente nadaron en piscinas.
6. Fueron al parque de atracciones por la tarde.
7. Carmen pescó un pez muy grande.
8. Carmen hizo amistad con un chico español.
9. Tomaron helados en las heladerías.
10. Carmen quiere volver el próximo año.

## F (b) 🎧 Escucha y anota.

**Decide si lo que dice Carmen de sus vacaciones en Málaga es verdadero o falso. Escribe 'V' o 'F'.**

### Aprende 66 🎧

#### Irregular verbs

|  | ir | hacer |
|---|---|---|
| (yo) | fui | hice |
| (tú) | fuiste | hiciste |
| (él/ella/Vd.) | fue | hizo |
| (nosotros) | fuimos | hicimos |
| (vosotros) | fuisteis | hicisteis |
| (ellos/ellas/Vds.) | fueron | hicieron |

# G Escoge y traduce.

1 Cuando sales de noche no (haces/hizo) los deberes.
2 (Hace/Hizo) el trabajo y luego fue al cine.
3 Cuando no tengo dinero no (hago/hice) nada.
4 Fuimos al campo por dos días, pero (hizo/hace) mucho frío.
5 ¿Qué (hacemos/hicimos) aquí? ¿No hay nadie?
6 ¿Qué (haces/hiciste) cuando llegó tu padre?
7 ¿Qué (hacéis/hicisteis) cuando hace mal tiempo?
8 No (hace/hizo) nada porque llegó muy tarde.
9 (Hacen/Hicieron) ayer una fiesta y (van/fueron) todos sus amigos.
10 (Hago/Hice) una cena y comimos todos muy bien.
11 Mi madre (pasa/pasó) un rato con sus amigas en el bar, pero mi padre lo pasó mal solo en casa.
12 Ayer mi madre (hizo/hace) sopa y una paella muy rica. (Comemos/Comimos) muy bien.

*¿Hizo buen tiempo? Sí, pero hizo mucho frío.*

# H Oral. Con tu compañero/a

**(a) Contesta a las preguntas utilizando 'ayer' o 'anoche' en tus respuestas.**

*Ejemplo:* ¿Subiste a la iglesia anoche? – No, subí por la tarde.

1 ¿Fuiste al cine?
2 ¿A qué hora volviste a casa?
3 ¿A qué hora cenaste?
4 ¿Qué cenaste?
5 ¿Estudiaste mucho?
6 ¿Terminaste los deberes?

**(b) Utiliza 'esta mañana' en tus respuestas.**

1 ¿Desayunaste solo/a?
2 ¿A qué hora saliste de casa?
3 ¿Llegaste al colegio temprano? (Llegué)
4 ¿Hablaste con el director?

# I Escribe las preguntas y respuestas añadiendo una de las siguientes expresiones.

> ayer, ayer por la tarde, anoche, anteayer, la semana pasada, el mes pasado, el año pasado, el lunes (pasado), hace dos días, hace cinco minutos, hace un mes, esta mañana

*Ejemplo:* ¿Bailasteis en la playa **el sábado**? Sí, **el sábado** bailamos en la playa.

1 ¿Fuisteis al cine _____?
2 ¿A qué hora volvisteis a casa _____?
3 ¿A qué hora cenasteis _____?
4 ¿Qué cenasteis _____?
5 ¿Estudiasteis mucho _____?
6 ¿Terminasteis los deberes _____?
7 ¿Desayunasteis solos/as _____?
8 ¿A qué hora salisteis de casa _____?
9 ¿Llegasteis al colegio temprano _____?
10 ¿Hablasteis con el director _____?

**LdeE 4, 5, 6**

### Aprende 67 🎧

**The preterite – reflexive verbs**

|  | regular verbs | radical-changing verbs |
|---|---|---|
|  | levant**arse** | vest**irse** |
| (yo) | **me** levant**é** | **me** vest**í** |
| (tú) | **te** levant**aste** | te vest**iste** |
| (él/ella/Vd.) | **se** levant**ó** | **se** vist**ió** |
| (nosotros) | **nos** levant**amos** | **nos** vest**imos** |
| (vosotros) | **os** levant**asteis** | **os** vest**isteis** |
| (ellos/ellas/Vds.) | **se** levant**aron** | **se** vist**ieron** |

#### Ramón

El sábado me levanté a las nueve menos cuarto, me lavé, me vestí, desayuné y me fui al gimnasio a eso de las diez. Hice gimnasia por una hora y me duché. Cuando salí, a eso de las doce, me tomé un café y un trozo de tarta en la cafetería de mi amigo Carlos con mi amiga Marisa.

Luego fui de compras. Volví a casa a eso de las dos y media, comí, vi la televisión un rato, hice deberes durante una hora o algo así.

Por la tarde fui con mis hermanitos a ver una obra sobre el medioambiente. Hay actuaciones infantiles muy buenas.

Luego, a las nueve, me arreglé para ir al cine con mi pandilla. Vimos una película de ciencia ficción que no entendí muy bien. Nos aburrimos un poco, pero lo pasé bien con mis amigos. Después del cine, fuimos a una heladería a tomar un helado y volví a casa a eso de las once y media. Leí un poco, no me duché y me acosté.

### J  (a) Lee el texto arriba y contesta en inglés.

1  How long after he got up did Ramón arrive at the gym?
2  For how long was he there?
3  What did he have at Carlos' café?
4  Was he alone there?
5  What did he do before returning home?
6  What did he do at home?
7  Did he then go out with his younger brothers?
8  What did they go to see?
9  With whom did he go to the cinema?
10  What kind of film did they watch?
11  Why were they unhappy with the film?
12  What did he do before going to bed?

### J  (b) Escoge las partes adecuadas de los verbos.

1  Ramón _____ bastante tarde. (se despertaron, se despertó, me desperté)
2  _____ y _____ y fue al gimnasio. (se lavó, se lavaron/se vistieron, se vistió)
3  Hizo gimnasia y _____. (se ducha, se ducharon, se duchó)
4  En la cafetería de Carlos _____ un trozo de tarta. (se tomaron, se tomó, me tomé)
5  _____ para salir con sus amigos. (se arregló, se arreglaron, me arreglo)
6  _____ porque no entendieron la película. (se aburrió, se aburrieron, se aburren)
7  Volvió a casa, leyó y _____. (se acostaron, me acosté, se acostó)
8  Por la noche no _____. (me duché, se duchó, se ducharon)

*¿Se duchó Saulo o no se duchó?*

### K  🎧 Escucha y escribe lo que hizo Ramón a estas horas.

1  8.30   **2** 9.20   **3** 9.45   **4** 11.30
**5** 12.00   **6** 12.45   **7** 13.30

## Aprende 68 🎧

### Present tense

hay = *there is/there are*

**Hoy hay** una persona en casa.
**Ahora hay** diez chicos en clase.

### Imperfect tense

había = *there was/there were*

**Ayer había** una persona en casa.
**Anteayer había** quince chicas
en clase.

### Numbers

**Aprende:**

| | | |
|---|---|---|
| 200 doscientos/as | 600 seiscientos/as | 1000 mil |
| 300 trescientos/as | 700 setecientos/as | 2000 dos mil |
| 400 cuatrocientos/as | 800 ochocientos/as | 7000 siete mil |
| 500 quinientos/as | 900 novecientos/as | 9000 nueve mil |

dos mil setecientos cuarenta y nueve = 2,749
once mil novecientos dos = 11,902

## L Escribe las cifras

1 ochocientos cuarenta y nueve
2 quinientos noventa y nueve
3 seis mil setecientos once
4 dieciséis mil cuatrocientos
  dieciocho
5 dos mil cuatro
6 mil novecientos cuarenta
7 seiscientos sesenta y seis
8 trece mil ciento treinta y uno

## M Escribe las cifras en palabras.

| | | | |
|---|---|---|---|
| 1 | 711 | 7 | 12,345 |
| 2 | 1066 | 8 | 999 |
| 3 | 1918 | 9 | 65,432 |
| 4 | 1936 | 10 | 4,444 |
| 5 | 12,000 | 11 | 597 |
| 6 | 676 | 12 | 6,789 |

## N 🎧 Escucha y escribe el número de personas.

1 En en partido del Real Madrid había
  _____

2 Ayer en mi clase de inglés había _____
3 En la fiesta de Ernesto había _____
4 En la boda de mi hermano había
  _____

5 En el partido de baloncesto había
  _____

6 Había más de _____ en el teatro
  anoche.
7 El domingo en la discoteca no había
  _____

8 Había más de _____ personas en el
  concierto.

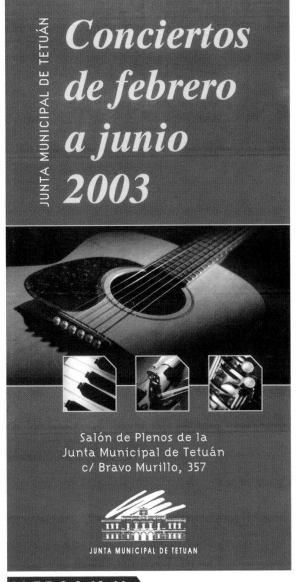

JUNTA MUNICIPAL DE TETUÁN

*Conciertos de febrero a junio 2003*

Salón de Plenos de la
Junta Municipal de Tetuán
c/ Bravo Murillo, 357

JUNTA MUNICIPAL DE TETUAN

LdeE 7, 8, 9, 10, 11

## 0 (a) Completa el texto con los verbos del recuadro.

El domingo pasado mi familia y yo _____ a Selwo Aventura, que _____ entre Estepona y Marbella, en la Costa del Sol. _____ allí en autocar, pero luego _____ un camión Todo-Terreno para ver todo el parque, que _____ muchos animales salvajes. _____ leones, tigres … de todo. _____ en un sitio cerca de los juegos acuáticos infantiles. _____ a casa muy cansados pero contentos.

| | | | | |
|---|---|---|---|---|
| Volvimos | fuimos | Vimos | tiene | está |
| Viajamos | alquilamos | Comimos | | |

## 0 (b) Contesta en inglés.

**Saulo**

1 How many sports are mentioned?
2 What did he do two or three times?
3 How did Saulo get his canoe and for how long?
4 What was he not able to do and why not?

**Saulo**
Durante las vacaciones hice muchas actividades.

Hice mucha natación y aerobic y jugué al tenis dos o tres veces. Me encantan las regatas y un día alquilé una canoa por tres horas.

Me gusta mucho hacer ciclismo también pero no había tiempo para todo.

## 0 (c) Escoge una de estas frases para terminar lo que dice Laura.

1 No bebí nada.
2 Mis padres no fueron al tenis.
3 Italia y Rusia marcaron doscientos puntos cada uno.
4 Ganó España tres a dos.
5 No me gusta el fútbol.

**Laura**
A nosotros nos gustan los deportes, ayer jugamos al fútbol. Volví a casa a las cinco para ver más fútbol en Antena 3 porque jugó la Selección.

..............................

## 0 (d) 🎧 Escucha y escoge; escribe las frases correctas.

**Elena**

1 They do nothing out of this world/ They do great things … in Cuenca.
2 Elena went out … Friday and Sunday/ Friday, Saturday and Sunday.
3 They went to … the cinema and the disco/ the theatre and a disco.
4 She thought the music was … up to date/ old-fashioned.
5 On Sunday … her brothers went with her/ her brothers went to a museum.

### Aprende 69 🎧

**Sports and games: jugar a**

Jugar al béisbol; al fútbol; a los dardos; a las cartas; al ajedrez; al golf; al billar; al baloncesto
Me gusta jugar **al** ajedrez.
Juego **a los** dardos los domingos.

## P (a) Reescribe el texto completo, rellenando los blancos con las palabras de la lista.

> tenis  pub  amiga  gente  amigo  cartas
> padre  música  helado

**Iván Vilares Ríos**

El miércoles pasé un rato jugando al _____ con mi _____ en el polideportivo y los dos jugamos bastante mal. Hizo mucho calor y había mucha _____, así que me fui con mi _____ Silvia a un _____, que se llama Víctor, donde ponen muy buena _____. Luego tomamos un _____ y fuimos a jugar a las _____ a casa de un _____.

## P (b) Contesta 'sí' o 'no'.

1 Esther fue a la capital de España.
2 Lo pasó bastante mal.
3 Su hermano lo pasó bastante mal por la noche.
4 El ganador del maratón terminó la carrera en 4 horas y 5 minutos.
5 El hermano de Esther cenó por el centro de Madrid.
6 Esther fue sola a Madrid.

**Esther**

El fin de semana lo pasé muy bien con mi familia en Madrid. Fuimos con mi hermano, que corrió en el maratón y lo terminó en cuatro horas y cinco minutos. Por la noche salimos por el centro a cenar,pero mi hermano no se levantó de la cama y se quedó en el hotel.

## P (c) 🎧 Escucha y anota:

1 lo que hizo Luis en el gimnasio.
2 adónde fue con la bicicleta.
3 qué hizo allí.
4 a qué hora volvió a casa.
5 qué hizo antes de dormirse.
6 qué tipo de libros le gustan.

**Luis**

*Fui a la plaza de toros y no había nadie, pero lo pasé muy bien.*

## P (d) Escoge las frases apropiadas para la edad de Jaime.

1 Salí con mis amigos a las doce de la noche.
2 Fui a un parque infantil.
3 Jugué mucho con mis primos.
4 Volví a casa a las tres de la madrugada.
5 Mi padre me compró helados todos los días.
6 Hablé mucho con el presidente del país.

**Jaime**

Durante el verano fui a la piscina casi todos los días. Tomé mucho el sol y me bañé muchísimo. Me encanta no estar casi nunca en mi casa, pero como sólo tengo cinco años, mis padres no me permitieron salir.

*Como sólo tengo cinco años …*

LdeE 12, 13

## Aprende 70 🎧

### Ver  *to see, to be able to see*

|  | Present | Preterite |
|---|---|---|
| (yo) | **veo** *I see* | **vi** *I saw* |
| (tú) | **ves** | **viste** |
| (él/ella/Vd.) | **ve** | **vio** |
| (nosotros) | **vemos** | **vimos** |
| (vosotros) | **veis** | **visteis** |
| (ellos/ellas/Vds.) | **ven** | **vieron** |

### VERB + *a* + person

¿Ves la televisión hoy? No puedo, tengo que ver **al** médico.

Yo lavo **al** bebé, mi hermano lava **el** coche.

Ve un perro en la cama.
*She saw a dog on the bed.*

Ve los coches desde la ventana.
*She can see the cars from the window.*

**but**

Vio **a** su hermano en la cama.
*She saw her brother on the bed.*

**but**

Ve **a** los chicos desde la ventana.
*She can see the boys from the window.*

## Q  Escribe la versión correcta.

1  Lavan (a los/los) platos.
2  Lavan (al/el) bebé.
3  No ven (a sus/sus) abuelos.
4  Llaman (a/al) Pedro.
5  Adornan (al/el) apartamento.
6  Escuchan (a los/los) discos.
7  No escuchan (al/el) profesor.
8  Odian (a los/los) museos.
9  Olvidan (a los/los) amigos.
10  Necesita (a sus/sus) tíos.
11  Ven (a la/la) televisión.
12  Ayudan (al/a) chico.

## R Escoge la palabra correcta.

1 No entiendo a las (profesoras/matemáticas).
2 Estoy buscando mis (amigos/libros).
3 Llevé las (flores/chicos) al hospital.
4 Encontré a (veinte euros/mis abuelos) en la calle.
5 Empujó a (el saco/su hermano).
6 Mandaron a (la carta/sus hijos) a Buenos Aires.
7 Adora a (su hermana/la costa).
8 No ve (las tiendas/los niños) desde la ventana.
9 Olvidaron (sus libros/sus primos).
10 No escuchan (el profesor/la radio).

### Aprende 71 🎧
**Direct object pronouns**

| me | Me ve desde su puerta. | *He can see me from his door.* |
| te | Te veo desde mi ventana. | *I can see you from my window.* |
| lo/la | La veo. | *I can see her or it (fem).* |
| nos | Nos ven muy bien. | *They can see us very well.* |
| os | Os vemos desde aquí. | *We can see you from here.* |
| los/las | Los veo sin gafas. | *I can see them (masc) without glasses.* |

**Aprende:** lo siento = *I'm sorry*

## S Empareja las siguientes frases con su traducción correcta.

1 La veo todos los días.
2 Nos vieron ayer.
3 Los ven a veces.
4 La compraron ayer.
5 Lo vendió por muy poco.
6 La vendió por muy poco.
7 Lo compré ayer.
8 Me vio ayer.

a) He saw me yesterday.
b) I bought it (the car) yesterday.
c) He sold it (the house) for very little.
d) They bought it (the table) yesterday.
e) He sold it (the book) for very little.
f) I see her every day.
g) They saw us yesterday.
h) They see them sometimes.

## T Escoge el pronombre correcto.

1 ¿No comprendes la biología?
2 ¿Estás buscando tus libros?
3 ¿Llevaste las llaves al colegio?
4 ¿Dónde encontraste esos veinte euros?
5 ¿Adónde mandaron a los niños?
6 ¿Te gusta la costa?
7 ¿Las chicas están en su jardín?
8 Pepe, ¿dónde están tus cuadernos?
9 ¿Cuándo ven la tele?

No, no **la/lo** comprendo.
Sí, **los/las** estoy buscando.
Sí, **los/las** llevé al colegio.
**Los/Las** encontré en el suelo.
**Los/Las** mandaron a Barcelona.
Sí, **lo/la** adoro.
No sé, no **los/las** veo desde la ventana.
**Lo/la** siento, señora, **los/las** olvidé.
Nunca **la/lo** ven.

## U 🎧 Escucha, lee, y con tu compañero/a explica el significado de las palabras en negrita.

Ayer hice una fiesta. Invité **a** la familia y **a** mis mejores amigos. Como **los** vi en el colegio volvieron conmigo a casa en tren. Mi padre **nos** llevó a la piscina y volvimos a casa para una gran cena. Mi padre **la** preparó toda. Al final de la fiesta vi mi regalo. **Lo** compraron en Londres. Es un ordenador fabuloso y solamente **lo** venden en Londres. La computadora que tengo no es muy buena. Ayer **la** regalamos. Mis amigos lo pasaron muy bien y mi padre **los** llevó a sus casas a las once.

## ¿Qué haces en tu tiempo libre?

### Destino: Verano en Alicante

### Perfil del turista

- Menos de 20 años = 35%
- De 20 a 30 años = 25%
- De 30 a 45 años = 10%
- De 46 a 60 años = 15%
- Más de 60 años = 15%

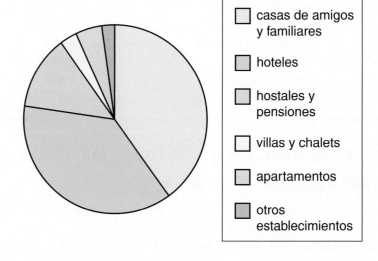

- casas de amigos y familiares
- hoteles
- hostales y pensiones
- villas y chalets
- apartamentos
- otros establecimientos

**Zona turística visitada**

- Ciudad ibero-romana de Lucentum
- Isla de Tabarca
- La Universidad
- Casco antiguo (El Barrio)
- El Puerto
- Playa del Postiguet
- Parque de Canalejas, El Palmeral (Explanada de España), Monte Benacantil
- Monumentos: Castillo de Santa Bárbara, Ayuntamiento, Teatro Principal, Plaza de Toros (Museo Taurino), Mercado Central, Casa de las Brujas

*El Puerto*

**Más información:**

| | |
|---|---|
| *Clima* | Verano cálido, día soleado, cielo despejado |
| *Temperatura media* | 26,5 grados |
| *Imprescindible* | Llevar crema solar y gafas de sol Visita; punto panorámico del Castillo de Sta. Bárbara |

*Playa vista del castillo*

## V (a) Discute en inglés con tu compañero/a después de estudiar toda la información dada.

*La mayoría de los turistas que eligen Alicante tienen 20 años o menos.*
¿Por qué crees que vienen a Alicante?
*La mayoría se quedan con amigos o familiares.*
¿Pero dónde se quedan si no conocen a nadie?
¿Te gustaría visitar Alicante?
¿Adónde fuiste para tus vacaciones?

¿Con quién fuiste?
¿Cuánto tiempo te quedaste?
¿Qué tiempo hizo?
¿Qué hiciste? (Usa los siguientes verbos: ir, visitar, comprar, ver, comer)
¿Había las mismas actividades que en Alicante?

## V (b) Escribe las razones por las cuáles te gustaría o no visitar Alicante.

## ¿Qué hiciste?

### AGENDA

— J U N I O —

|  | L | M | Mi | J | V | S | D |
|---|---|---|---|---|---|---|---|
|  |  |  |  |  |  |  | 1 |
|  | 2 | 3 | 4 | 5 | 6 | 7 | 8 |
|  | 9 | 10 | 11 | 12 | 13 | 14 | 15 |
|  | 16 | 17 | 18 | 19 | 20 | 21 | 22 |
|  | 23 | 24 | 25 | 26 | 27 | 28 | 29 |
|  | 30 |  |  |  |  |  |  |

**MADRID** — **EL MUNDO**

*Exposición*
Goya: *Época Negra* — Picasso: *Cubismo*
Museo del Prado — París, Louvre
Dom.8–Sáb.21 — Lun.16–Lun.30

*Teatro*
**Flamenco** — **Cancán**
Café Chinitas — París, Folies Bergères
V.20 @ 22h — J.19 @ 21h

*Charla*
Tertulia: *debate libre* — Conferencia Global
Café Tertulia, Entrada gratis — México, Círculo de Bellas Artes
J.5 @ 19h — M.24 @ 17h

*Libros*
**Español Mundial** — **Cien años de soledad**
Encuentro autores — Entrevista de G. García Márquez
*(club fnac)* Fnac — Bogotá, Real Academia Española
Miérc.25 @ 18h — Lun.30 @ 11h

*Música*
**Ricky Martin Exclusivo** — **Gaita Vasca: ritmo moderno**
**Concierto 25€** — **Concierto 15€**
Pl.Toros, Ventas — Sao Paulo, Estadio Nacional
Sáb.28 @ 23h — J.26 @ 22.30h

## W 🎧 Escucha, lee el diálogo entre los dos amigos de intercambio y contesta.

¡Hola, Felipe! ¿Cómo estás allí en Madrid?
*Bien, muy bien. Estoy haciendo muchas cosas.*
¡Qué bien! ¿Qué hiciste hoy?
*Pues, esta mañana fui a la galería de arte y aprendí mucho de un pintor español muy interesante.*
Ah, viste las pinturas de Goya, ¿verdad?
*Sí, me encantan sus pinturas negras.*
Yo prefiero a Picasso, y la semana que viene voy a la exposición de cubismo.
*¡Qué suerte! ¿Y visitaste algo ayer?*
Sí, vi la famosa 'Torre Eiffel' de París, pero no subí porque había una cola muy larga.
*Pero, María, ¿te olvidaste que el sábado vamos al concierto de Ricky Martin?*
¡Por supuesto que no! ¡Vamos a pasarlo bomba!

1 Where are María and Felipe?
2 What did Felipe find interesting?
3 Who has something planned for next week?
4 What did María do yesterday?
5 There was a long queue at the Eiffel Tower so what did María decide not to do?
6 What did Felipe think María had forgotten about?
7 Is it true that María is having a bad time?
8 Is it true that Felipe has little to do?

## X Lee la carta de María y responde por Felipe.

Utiliza la información de la página 118.

*¡Hola! ¿Cómo estás?*

*Yo estoy bien en París. Hace unos días llegué a la ciudad y en seguida fui de compras. Hay muchísimas tiendas elegantes pero son un poco caras. Sin embargo, conseguí comprar regalos para toda la familia.*

*Ayer hice algo diferente: visité el Museo del Louvre. Después fuimos a comer a un restaurante por el Sena y luego viajamos en barco y vimos los monumentos desde el río. ¡Fue un día precioso!*

*Escríbeme pronto.*

*Tu amiga, María*

# Rompecabezas ★★★

## Y (a)  ¿Qué números son?

**1 Escucha para comprobar tus respuestas.**

> chentao, lim, teseiencsot, oeavntn, nientsoiuq, voenientosc, rattine

**2 Escucha los números y escríbelos en el orden mencionado.**

Escoge de la lista:

1234, 617, 246, 7, 89, 18, 901, 448, 21267, 7787, 145, 9, 511, 100, 790, 146

## Y (b) ¿Cuál no pertenece?

*Ejemplo:*  1 dardos

1  golf, baloncesto, dardos, fútbol
2  tenis, tenis de mesa, ajedrez, cartas
3  me levanté, me peino, me acosté, me desperté
4  hizo, como, bebo, visito
5  compré, llegó, hablaste, visitan
6  doce, trece, veinte, ochenta
7  dos mil dos, dos mil cuatro, dos mil ocho, dos mil doce

## Z (a) ¿Cuántas personas había en casa?

H A S A C N
A B I A S E
P E T E I S
E R S O N A

## Z (b) ¿Qué hizo Pepe y dónde?

N O E A
P L N N
E A E I
P S L E
E S E P

## Z (c) Corrige.

**me** lavamos; **se** desperté; **os** levantaste; **te** afeitaron; **nos** sentó; **me** acostasteis.

## Z (d) Contesta.

Si te despertaste a las ocho y te acostaste la noche antes a las once y media, ¿cuántas horas dormiste?

## Z (e) Corrige.

Ayer me desperté a las once, me levanté en el cuarto de baño, y me peiné. Me duché en la cocina y desayuné en el metro. Salí de casa a las diez y llegué al colegio café con leche.

## A Completa el mapa.

Calca el mapa y rellena los nombres de los países hispanohablantes de la lista.

> México, Guatemala, Nicaragua,
> El Salvador, Honduras,
> Costa Rica, Panamá, Cuba,
> República Dominicana, Puerto Rico (E. U.).

## B (a) 🎧 Une los países y las ciudades.

Escucha y une las capitales con sus respectivos países hispanohablantes en Centroamérica.

**Países**
México, Guatemala, Nicaragua, El Salvador, Honduras, Costa Rica, Panamá, Cuba, República Dominicana, Puerto Rico (E.U).

**Capitales**
Managua, Ciudad de Panamá, Tegucigalpa, La Habana, San Juan, San José, Santo Domingo, Ciudad de México, Ciudad de Guatemala, San Salvador.

## B (b) 🎧 Escucha y decide: ¿cómo viajan?

Escucha otra vez y decide si se realizaron los viajes en avión, en autocar, en coche o no sabemos cómo.

> La Habana – Santo Domingo; Santo Domingo – San Juan; San Juan – Ciudad de México; Ciudad de México – Ciudad de Guatemala; Ciudad de Guatemala – San Salvador; San Salvador – Tegucigalpa; Tegucigalpa – Managua; Managua – San José; San José – Ciudad de Panamá.

## C Haz un cuadro.

Haz un cuadro, añadiendo la información siguiente, para mostrar los países con sus capitales y habitantes.

> nicaragüense(s); costarricense(s);
> hondureño/a (os/as); salvadoreño/a (os/as);
> panameño/a (os/as); mexicano/a (os/as);
> guatemalteco/a (os/as); dominicano/a (os/as);
> puertorriqueño/a (os/as);

*Ejemplo:*

| Nicaragua | Managua | Nicaragüense |

Guyana
Surinam
Guyana Francesa

Brasil

## D (c) Haz un cuadro.

Haz un cuadro, añadiendo la información siguiente, para mostrar los países con sus capitales y habitantes.

> argentino/a (os/as)  boliviano/a (os/as)
> paraguayo/a (os/as)  uruguayo/a (os/as)
> peruano/a (os/as)  chileno/a (os/as)
> colombiano/a (os/as)  venezolano/a (os/as)
> ecuatoriano/a (os/as)

## E Completa el mapa de España.

Calca el mapa y escribe el nombre de las autonomías en su lugar apropiado.

> Andalucía, Aragón, Asturias, Baleares, Canarias,
> Cantabria, Castilla-la Mancha, Castilla y León,
> Cataluña, Comunidad Valenciana, Extremadura,
> Galicia, Comunidad de Madrid, Región de Murcia,
> Comunidad de Navarra, País Vasco, La Rioja,
> Ceuta, Melilla

FRANCIA

PORTUGAL

ESPAÑA

las Baleares

Ceuta

las Islas
Canarias

MARRUECOS

ARGELIA

Melilla

## D (a) Completa el mapa.

Calca el mapa y rellena los siguientes países.

> Argentina  Perú  Ecuador  Colombia  Venezuela
> Bolivia  Uruguay  Paraguay  Chile

## D (b) Une las capitales con sus respectivos países.

> Caracas, Lima, La Paz, Quito, Santiago, Montevideo,
> Asunción, Bogotá, Buenos Aires

## La vida en España

### Almudena
Hoy en día hay muchos sitios para hacer compras, pero El Corte Inglés es mi favorito; es un poco más caro en algunas cosas pero encuentras de todo. Yo tengo que ir todas las semanas.

### Begoña
Me encanta la Nochevieja en España. Lo que hacemos es cenar con la familia a eso de las diez, eso es muy importante. Luego vemos en la televisión las doce campanadas, cuando dan las doce de la noche, y con cada campanada comemos una uva. Tienes que comerlas muy deprisa. Es muy divertido. Luego se bebe champán. Después, vamos a una fiesta con amigos, hasta la madrugada, cuando vamos a desayunar chocolate caliente con churros.

### F ¿Quién dijo ...?

**Lee lo que dicen Almudena, Begoña, Alfredo y José Antonio y di quién piensa o dice lo siguiente.**

1 Odio quedarme en casa los fines de semana.
2 Puedes comprar en otros sitios más baratos.
3 Esa noche la pasamos comiendo, bebiendo y bailando.
4 No me gusta mucho ir al cine los fines de semana.
5 Soy adicta a ese sitio.
6 Es una noche familiar.
7 Compartimos la comida con amigos.
8 Todos en España comen la misma fruta.
9 En España casi siempre comemos algo cuando bebemos.
10 La fiesta empieza a la una de la mañana.

### Alfredo
Una de las cosas más típicas de España son las tapas y raciones. Una tapa es algo de comida que te dan en un bar cuando pides una bebida, generalmente vino o cerveza. Una ración es un plato más grande. Cuando varias personas beben algo en un bar y quieren comer, toman una o más raciones, todos comen del mismo plato. Hay mucha variedad de raciones: de pescado frito, patatas bravas o alioli, calamares, champiñones, jamón ... Después de unas raciones ya no hay que comer más en casa.

### José Antonio
A mí me encanta ir a los bares de tapas con los amigos los fines de semana. No me gusta ir al cine. Sobre todo me gusta la vida en la calle; en otros países, no hay esto, creo que es muy aburrido estar siempre dentro de la casa.

### G Lee y rellena con las palabras correctas.

hay que, corrí, peligroso, típico, hay, pienso que, divertido

**Manuel**
Las corridas de toros son algo muy español y muy _____ . Yo no voy mucho a los toros, pero pienso que _____ defenderlo. En las fiestas de cada ciudad y cada pueblo, normalmente _____ corridas de toros, y por las mañanas, antes de la corrida, la gente corre por las calles delante de los toros. Yo _____ una vez en mi pueblo, y _____ es muy _____ pero _____ .

## Aprende 72 🎧

| Tener que + infinitive | Deber + infinitive |
|---|---|
| *to have to (must) + infinitive* | *ought to/should + infinitive* |
| ☺ Tengo que beb**er** más. | Debo **ir**. |
| *I must drink more.* | *I ought to go.* |
| →😐 Tienes que estudi**ar**. | Debes estudi**ar** más. |
| *You must study.* | *You should study more.* |
| 👫 Tiene que com**er** menos. | Debe com**er** bien. |
| *S/he has to eat less.* | *He should eat well.* |
| ☺☺ Tenemos que escrib**ir**. | Debemos visit**ar** a la abuela. |
| *We must write.* | *We ought to visit Granny.* |
| →😐 Tenéis que cambi**ar** dinero. | Debéis termin**ar** pronto. |
| *You have to change money.* | *You should finish soon.* |
| 👪 Tienen que arregl**ar** la habitación. | Deben volv**er** hoy. |
| *They must tidy their room.* | *They should return today.* |

**Aprende:**  **Hay que + infinitive = One/we should + infinitive**
Hay que volv**er** temprano.  *We have to come back early*
No hay que insult**ar** a los amigos.  *One shouldn't insult one's friends.*

## H Une y escribe las frases completas.

1 No hay que volver muy tarde
2 Tengo que salir pronto
3 Deben terminar los deberes
4 Tenéis que cambiar dinero
5 No hay que insultar a la gente
6 Tenemos que arreglar la habitación
7 Tienes que comer mejor
8 Debo salir menos

a) si quieres ser fuerte.
b) si queremos tener amigos.
c) si quiero aprobar los exámenes.
d) porque no tenéis euros.
e) porque si no, voy a llegar tarde.
f) porque los padres se enfadan.
g) porque si no, no salimos.
h) porque el profesor va a llegar pronto.

## Aprende 73 🎧

### Irregular verbs in the preterite

|  | **decir** *to say* | **poner** *to put* | **venir** *to come* |
|---|---|---|---|
| (yo) | dije | puse | vine |
| (tú) | dijiste | pusiste | viniste |
| (él/ella/Vd.) | dijo | puso | vino |
| (nosotros/as) | dijimos | pusimos | vinimos |
| (vosotros/as) | dijisteis | pusisteis | vinisteis |
| (ellos/ellas/Vds.) | dijeron | pusieron | vinieron |

**Aprende:**  dije que sí  *I said yes*    dijo que no  *he/she said no*

## España es así

### I Di si las frases son verdaderas o falsas.

**Andrés**

Pienso que en España hay más fiestas que en el resto del mundo. Cada pueblo o ciudad tiene, al menos, una semana de fiestas al año. Por ejemplo, en Sevilla tienen la Feria de Abril, donde la gente sale y baila toda la noche. En el norte, en Pamplona, celebran Los Sanfermines el 7 de julio, y mucha gente corre delante de los toros en los *encierros*. Son famosos en todo el mundo; muchos extranjeros vienen a verlo y a correr en ellos.

1 Andrés thinks that Spain has the least festivities in the world.
2 Each town has at least one week of festivities.
3 Big cities do not hold festivities.
4 During the Feria of Sevilla people celebrate indoors.

5 The Feria of Sevilla takes place in the spring.
6 The Feria of Sevilla is celebrated on the 7th July.
7 Pamplona is in the south.
8 Sanfermines is celebrated in April.
9 In Pamplona people run after bulls.
10 Tourists are allowed to run in the encierros.

### J Lee y responde en inglés.

**María José**

Las Fallas de Valencia son algo muy especial. Cada año, el 19 de marzo, se hace una exposición pública de figuras muy grandes de madera y luego las queman públicamente. La música es muy bonita y mucha gente llora de emoción. Toda España ve las Fallas en la televisión. Al final hay fuegos artificiales fabulosos.
También, ese día es San José, y en España celebramos el Día del Padre, así que visitamos y felicitamos a nuestros padres, les damos regalos y una tarjeta.

1 When do Spaniards celebrate Las Fallas?
2 What happens to the wooden statues?
3 Why do people cry?
4 How can people outside of Valencia find out what goes on during the festival?

5 What happens at the end of the festival?
6 What else is celebrated on the 19th of March in Spain?

### K Lee lo que dice Teresa y di si las frases son verdaderas o falsas.

**Teresa**

Un verano fui a Alicante. Era la fiesta de la Noche de San Juan, que se celebra el 21 de junio, cuando empieza el verano. Había bailes, música, competiciones, fuegos artificiales y hogueras. También escogieron a la chica más guapa de la ciudad, algo que se hace en todas las fiestas. No dormimos en toda la noche.

1 En Alicante hacía frío.
2 San Juan se celebra cada verano.
3 Teresa va a Alicante todos los veranos.
4 En San Juan había una reina de las fiestas muy guapa.
5 También escogieron al chico más guapo de Alicante.
6 No había nada que hacer por la noche.
7 En San Juan había mucho ruido.
8 Hay otra Noche de San Juan en diciembre.

# L Lee y contesta.

### Rosana
Cada región de España tiene sus costumbres, su música, su comida, sus fiestas y su traje típico. Ese traje lo llevan en las fiestas. Cuando yo era pequeña yo pasaba mis vacaciones en Galicia, porque mi madre es de allí, y me ponía el traje típico. Me encantaba. De Galicia me gusta mucho la comida, como el caldo gallego, el pescado y el marisco.

### Juanjo
A España vienen miles de turistas cada año; muchos vienen por las playas y el sol, pero España también tiene mucha cultura que ofrecer. Hay muchos museos: museos antiguos y tradicionales como El Prado, en Madrid, y museos más modernos, como el Reina Sofía, también en Madrid, o el famoso Guggenheim en Bilbao. Visité el Guggenheim el año pasado; hay que visitarlo, de verdad, es muy interesante por dentro y por fuera.

*El museo Guggenheim, Bilbao*

## Aprende 74

### Commonly used imperfects

| Present | Imperfect |
|---|---|
| soy/es | era |
| hago/hace | hacía |
| quiero/quiere | quería |
| tengo/tiene | tenía |
| sé/sabe | sabía |
| puedo/puede | podía |
| estoy/está | estaba |

### Jorge
Yo soy de Barcelona. Tengo que decir que es mi ciudad favorita de España, porque tiene de todo. El clima es bueno, tiene mar, tiene montañas; hay mucha cultura, como teatros y museos. La arquitectura es muy bonita, con los famosos edificios del arquitecto Gaudí, el Parque Güell, la catedral, La Sagrada Familia, etc. Además, hay mucho ambiente para la gente joven.

1  ¿Adónde vas para ver el Museo del Prado?
2  ¿En qué regiones hay trajes típicos?
3  ¿En qué ciudad hay monumentos de Gaudí?
4  ¿Cuándo usan los españoles los trajes típicos?
5  ¿Adónde vas para visitar el museo Guggenheim?
6  ¿Conoces algún plato típico gallego?
7  ¿A qué sitio vas si quieres playas y buen tiempo?
8  ¿Dónde puedes encontrar el museo Reina Sofía?
9  ¿Qué es la Sagrada Familia: una pintura o una iglesia?
10  ¿Dónde lo pasan muy bien los jóvenes?

# M 🎧 Escucha y escoge las cosas mencionadas por Andrés.

> historia, geografía, ruinas, supermercados, vacaciones, hospitales, cine, teatro, Lérida, Mérida, Costa Blanca, festival, fiestas, monumento, acueducto, puente, invierno, verano

¿Adónde vas si quieres ver teatro clásico en verano?

# N Rellena con las palabras de la lista y traduce al inglés.

> palacios   bonitos   hoteles   famosas
> monumentos   iglesias

### Marina
En España hay muchos _____, hay _____ y muchos castillos; algunos castillos ahora son _____. También hay _____ antiguas y _____ catedrales. Tenemos edificios muy _____, hay mucho que ver.

**LdeE 1, 2, 3, 4, 5, 6, 7, 8, 9, 10**

## ¡Felicidades! ¡Enhorabuena!

Hay un cumpleaños el sábado,
¿quieres venir?

¡Que pena! No puedo. Ese día
llegan mis primos de Argentina.
(Alejandro)

No sé si puedo ir.
Tengo que hablar
con mis padres
☺ Carmen

Te invito
a la fiesta
de me cumpleaños.

El día sábado
15 de Octubre
a las 20:30

Claro que quiero. ¿A qué hora?
Traigo mi máquina de fotos.
(Silvia)

Querida tía Alegría

Como ya sabes, mi cumpleaños es el próximo
sábado y quiero invitarte a mi fiesta.

Te echo de menos y me gustaría mucho verte
ese día.

Besos y hasta pronto,

Clara

Querida Clara:
Gracias por acordarte de tu
vieja tía. Desafortunadamente,
no puedo ir a tu fiesta porque
estoy en cama. Te mando este
dinero de regalo.
Un fuerte abrazo y muchas
felicidades,

Tía Alegría

### O Lee las invitaciones y las respuestas.

Observa la fotografía siguiente.

Contesta en español.

1  ¿Cuántas personas están en la fiesta?
2  ¿Con quién habló Clara por teléfono?
3  ¿Qué relación probablemente tiene la niña pequeña con Clara?
4  ¿Quién tomó la foto de las chicas en la fiesta?
5  ¿Quién no fue a la fiesta al final?

### P (a) Contesta a las preguntas.

¿Quién ...

1  cumple años el sábado?
2  ha recibido la invitación por correo?
3  recibió su invitación por teléfono?
4  no puede ir a la fiesta?
5  aceptó la invitación al final?
6  está enferma?
7  mandó el regalo por correo?
8  recibe visitas del extranjero?

### P (b) Según las invitaciones ...

¿Quién ...

1  envió un mensaje por correo?
2  escribió una postal?
3  mandó un mensaje al móvil?
4  llamó por teléfono?

## Mensajes

**1** Laura: Lo siento, pero hoy no puedo comer contigo a las dos. Tengo que quedarme en la oficina porque viene mi jefe. Te llamo luego, Isabel

**3** Jorge: Pienso que debemos salir de Madrid antes de las once, porque si no vamos a llegar tarde a la boda en Segovia. ¿Qué piensas tú? Lourdes

**2** Jaime: Gracias por tu invitación para la fiesta del sábado por la noche. ¡Qué bien! Te veo allí. Marta

**4** Querida Cristina: Hoy no puedo salir porque tengo que hacer muchos deberes. Te veo mañana, ¿vale? Maite

## Q (a) Contesta en inglés.

1 Where is Marta hoping to see Jaime?
2 What is Isabel's boss preventing her from doing?

3 What is Lourdes worried about?
4 What is stopping Maite from seeing Cristina?

## Q (b) 🎧 Escucha, anota y contesta a las siguientes preguntas en inglés.

Mensajes en el contestador:

1 What has Ángel forgotten, and how does he want to solve the problem?
2 What does Álvaro's mother want and why is she angry?
3 What is the invitation and how do we know it's urgent?

4 What is cancelled and why? What is suggested? What worries Elena?
5 Why is Luis suggesting going to another shop? What will they buy?
6 Why is Belén excited and what does she need to know?

## Q (c) Escrito.

1 Responde a los mensajes 2, 3, y 4.

2 Escribe una invitación para tu cumpleaños a tus compañeros/as de clase.

## R Con tu compañero/a. Responde a las preguntas, utilizando frases completas.

1 ¿Cuándo cumpliste años?
2 ¿Cuántos años cumpliste?
3 ¿Hiciste una fiesta?

4 ¿A quién invitaste?
5 ¿Qué regalos recibiste?

## ¿Cómo eres?

**Lorena**
A mí me gusta salir con mis amigos. Me encanta viajar, conocer nuevos países y nuevas culturas. Afortunadamente, no tengo miedo ni de viajar sola ni de coger el avión.

**Daniel**
Yo vine a España para visitar a mi abuelo que está enfermo. Antes de venir me gustaba mucho viajar, pero desde que tuve un susto en el avión ya tengo miedo de utilizar ese medio de transporte.

**Luis**
Yo soy un chico muy activo y alegre. Me encanta participar en excursiones, viajar, hacer deportes atrevidos, charlar y reírme. Soy muy bueno en contar anécdotas y bromas. ¡Nadie se queda triste a mi lado!

**Ángela**
Desafortunadamente, desde que nací nunca salí de mi país. Ahora tengo doce años y me gusta mucho tener amigos extranjeros, porque me interesan otras culturas. Espero viajar por el mundo algún día y hacer más amistades.

## S Escoge los adjetivos más apropiados para caracterizar a cada joven.

| Lorena | Daniel | Luís | Ángela |
|---|---|---|---|
| 1 tímida | 1 familiar | 1 desordenado | 1 amigable |
| 2 activa | 2 miedoso | 2 autoritario | 2 egoísta |
| 3 sociable | 3 divertido | 3 divertido | 3 abierta |
| 4 miedosa | 4 aburrido | 4 gracioso | 4 aburrida |

## T Observa las fotos.

(a) Describe a estas personas.

(b) También imagina su carácter con ayuda de los adjetivos siguientes:

> activo/a, atrevido/a, tímido/a, atractivo/a, guapo/a, feo/a, elegante, alegre, triste, sociable

*Ejemplo:* **Carmen:**  Es .../Parece ...

**Alejandro:**  Es .../Parece ...

## U Oral/escrito

(a) Responde a las preguntas.

1  ¿Quiénes son más responsables: las chicas o los chicos?
2  ¿Quién habla menos: tú o tu compañero/a de al lado?
3  ¿Quién es mejor alumno: tú o tu mejor amigo/a?
4  ¿Quién es más comprensivo: tu padre o tu madre?
5  ¿Quiénes son más atrevidos: los chicos o las chicas?
6  ¿Qué es más divertido: ir de compras, hacer deporte o bailar?
7  ¿Qué es mejor: ser inteligente o ser atractivo?
8  ¿Quién es más severo: tu padre, tu madre o tu profesor?

(b) Escoge las opciones que para ti son correctas.

1  **Sin amigos:** no soy nadie/no soy feliz/me es igual.
2  **Mi amigo/a ideal es una persona:** fiel/divertida/que piensa como yo.
3  **Creo que tengo:** muchos amigos/pocos amigos/unos cuantos amigos.
4  **Tener un amigo verdadero:** ayuda, pero no es todo/es imposible/sólo uno es muy poco.

## ¿Cómo te llevas con tus padres?

### Elena
Pues mis padres me controlan mucho las salidas, dónde voy y me preguntan siempre a la hora que llego, por qué llego tan tarde y siempre quieren explicación de todo. Siempre, cuando llego tarde me regañan, son muy severos y si ven que me descontrolo pues ellos me intentan parar para decirme 'esto no es así' y me llevan por el buen camino. Luego, en el fondo, cuando me castigan se lo agradezco y me arrepiento.

### Cristina
Mis padres son bastante liberales porque me dejan salir, y más si salgo con mi hermana, porque es mayor que yo. Y los sábados me dejan hasta las once más o menos, y en verano pues a lo mejor un poquito más tarde. Puedo ir a los sitios que más o menos son para mi edad y no para las personas que son más mayores que yo.

### José
Mis padres son buena gente, lo que pasa es que son un poco severos porque es que me tienen muy controlado, creo que demasiado controlado. Tengo que llegar siempre a las once, once y media y si no, ponen mala cara. Yo pienso que me deben dar un poquito más de libertad porque es ridículo. Y también son muy severos porque cuando yo no llevo buenas notas a mi casa me castigan. De verdad, son buena gente, mi padre es muy gracioso y muy chistoso, dicen que me parezco mucho a él en su forma de ser; y mi madre es muy guapa, muy guapa.

*Me gusta salir con mi padre; nos entendemos bien*

*Mi madre y yo nos llevamos muy bien; ¡nos reímos mucho juntos!*

## V (a) Contesta a las preguntas.

1  ¿Quién tiene menos problemas con sus padres?
2  ¿Quién tiene más?
3  ¿Quién piensa que sus padres son severos pero al final está contenta con ellos?
4  ¿Los padres de quién dan mucha importancia a los estudios?
5  ¿Quién tiene que salir con personas de su edad?
6  ¿Quién puede volver a veces muy tarde a casa?

## V (b) Describe tu relación con:

1  tu familia;    2  tus amigos;    3  tus vecinos;

Utiliza estas preguntas para ayudarte a hacer el ejercicio.

- ¿Te llevas bien con todo el mundo en tu casa?
- ¿Respetas a tus padres?
- ¿Todos tus amigos son compañeros de clase?
- ¿Sales con chicos o chicas?
- ¿Tienes un/a amigo/a preferido/a?
- ¿Conoces bien a tus vecinos?

## Aprende 75 🎧

***Por* and *para***    *Look at the following examples of how to use the prepositions* por *and* para, *taken from this chapter. They can both mean 'for' but are used for different purposes.*

| **por** = *by means of, during, by way of, via, by* | **para** = *in order to, intended for* <br> *used with infinitive = in order to* |
|---|---|
| **por** las mañanas | **para** hacer compras |
| **por** las calles | **para** la gente joven |
| **por** ejemplo | tu invitación **para** la fiesta |
| mencionadas **por** Andrés | me intentan parar **para** decirme 'esto no es así' |
| Gracias **por** acordarte | los sitios que son **para** mi edad y no **para** las personas más mayores |
| **por** correo electrónico | |
| Espero viajar **por** el mundo | Utiliza estas preguntas **para** ayudarte |

**Aprende 76** 🎧

## Jobs and professions

*Médico, Doctor/a*

*Jardinero/a*

*Futbolista*

*Secretario/a*

*Cartero/a*

*Dentista*

*Arquitecto/a*

*Taxista*

*Dependiente/a*

*Piloto*

*Periodista*

*Enfermera*

### W (a) Une las frases.

1  Soy enfermera,
2  No tengo trabajo,
3  Es dentista,

4  Soy cartero,
5  Es piloto,

6  Soy periodista,
7  Es jardinero,
8  Soy futbolista,

a)  cuida plantas y árboles.
b)  entreno todos los días.
c)  siempre nos desea un buen viaje.
d)  trabajo en urgencias.
e)  siempre toco el timbre dos veces.
f)  le gusta sacar dientes.
g)  no gano dinero.
h)  investigo y escribo artículos.

### W (b) Responde a las preguntas.

1  ¿Qué quieres ser en el futuro?
2  ¿Quieres trabajar en tu país o en el extranjero?
3  ¿Te gusta la idea de ser profesor/a?
4  ¿Hay alguien en tu clase que quiere ser astronauta?
5  ¿Cuántos estudiantes en tu clase quieren ser futbolistas?
6  ¿Qué profesión crees que es interesante?
7  ¿Crees que es más peligroso ser policía o ladrón?
8  ¿En qué trabajan tus padres?

## W (c) Observa las fotos y combina con las frases.

*A*

*C*

*E*

*B*

*D*

*F*

*Ejemplo:* 1 D
1   Me gusta ayudar a la gente.
2   Soy el mejor amigo de los niños.
3   Fabrico cosas útiles.
4   Cuidar niños requiere mucha paciencia.
5   Yo trabajo desde casa con el internet.
6   Intento aconsejar a la gente.

## W (d) Lee los anuncios y contesta.

¿A qué número llamas ...
1   si no funciona el televisor?
2   si necesitas unas estanterías?
3   si perdiste tu llave?
4   si quieres pintar la casa?
5   si tienes mucho calor?
6   si no funcionan las luces en casa?

ELECTRICIDAD
Electricistas autorizados,
boletines, instalaciones
y reparaciones.
91 759 83 37

ALBAÑILERÍA
HUMEDADES
Reformas en general,
tejados y revocos,
decoración, escayola,
pintura de interior y exterior
91 759 56 18

DESATASCOS Y POCERÍA
Limpieza de colectores,
desatascos, reformas de pocería
91 759 24 39

ELECTRODOMÉSTICOS
Reparación televisores,
frigoríficos, lavadoras,
lavavajillas, vídeos
y cadenas musicales
91 759 83 37

TOLDOS, PERSIANAS
Y CARPINTERÍA
Instalación y reparación de toldos
y persianas, colocación de
puertas acorazadas y semi
91 759 32 34

CERRAJERÍA
APERTURAS Y CIERRES
Cambiamos cerraduras,
abrimos puertas,
reparamos cierres
91 759 43 95

FONTANERÍA
Y CALEFACCIÓN
Fugas de agua, goteras,
roturas, bajadas, humedades,
desatascos sin obras
91 759 96 82

AIRE ACONDICIONADO,
FRÍO INDUSTRIAL
Y CALDERAS
Mantenimiento
y reparación
91 759 43 95

LdeE 11, 12, 13, 14, 15, 16, 17

# Rompecabezas ★★★

**X** (a) 🎧 Escucha y decide qué dibujos están describiendo.

a

c

e

b

d

f

**X** (b) 🎧 Escucha y decide qué dibujos están describiendo.

a

c

e
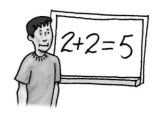

b

d

f

**X** (c) 🎧 Escucha y decide qué dibujos están describiendo.

a

c

e

b

d

f

## Y (a) Fill in the letters to form countries where Spanish is spoken.

**Centroamérica**

M_XICO (M_JICO),

G_AT_M_L_,

_ _B_,

R_P_BL_C_ D_M_N_C_N_,

N_C_R_G_A,

H_N_UR_S,

EL S_L_A_O_,

P_E_T_ R_C_,

C_ST_ R_C_,

P_N_MÁ.

**América del Sur**

V_N_Z_EL_,

UR_G_AY,

C_LO_BI_,

EC_AD_R,

_H_L_,

AR_EN_ _NA,

B_L_VI_,

P_R_G_AY,

P_ _Ú.

**África**

GU_NE_ ECU_TOR_AL.

**Europa**

_ _ _ _Ñ_.

## Y (b) Escoge de la lista.

> San Juan, Honduras, Managua, Costa Rica, Montevideo, Asunción, Santo Domingo

1  Es nicaragüense, vive en _____.
2  La capital de Uruguay es _____.
3  Isabel vive en Tegucigalpa; es de _____.
4  No es paraguayo; es boliviano y vive en _____.
5  Vive en San José de _____ y su hermana en _____ _____.

## Y (c) ¿Qué descripciones son correctas y cuáles no?

**Madrid**

> capital, peruano, seis letras, español, en la costa, sudamericano, en el centro, europeo, pueblo, país, ciudad, andaluz

## Z Contesta a las preguntas.

**Las tardes de Ángeles**

Tiene que ir a casa de sus abuelos los domingos.
Tiene que estudiar en casa los lunes y los martes.
Tiene que salir con sus padres los viernes y los sábados.
Tiene que merendar en casa de sus primos los jueves.
Sale con sus amigos los miércoles.

1  ¿Cuándo es posible hablar por teléfono con Ángeles?
2  ¿Qué tarde no está con familiares?
3  ¿Qué tardes no está en casa?

## A ¿Qué harán y cuándo?

Escoge de la lista y termina las frases.

Te llamaré esta tarde.

| por internet | al gimnasio | a mis primos |
| navegaremos internet | el autobús | a Méjico |

1 Mañana iré
2 Pasado mañana veré
3 Esta noche mi hermana y yo

4 El verano que viene viajaremos
5 Dentro de cinco minutos cogeré
6 Esta noche compraré los billetes

### Aprende 77 🎧   The future

**Regular verbs**

| | -ar | | -er | | -ir | |
|---|---|---|---|---|---|---|
| | pens**ar** | *to think* | beb**er** | *to drink* | viv**ir** | *to live* |
| (yo) | pens**aré** | *I will think* | beb**eré** | *I will drink* | viv**iré** | *I will live* |
| (tú) | pens**arás** | *you will think* | beb**erás** | *you will drink* | viv**irás** | *you will live* |
| (él/ella/Vd.) | pens**ará** | *he/she/you (pol.) will think* | beb**erá** | *he/she/you (pol.) will drink* | viv**irá** | *he/she/you (pol.) will live* |
| (nosotros) | pens**aremos** | *we will think* | beb**eremos** | *we will drink* | viv**iremos** | *we will live* |
| (vosotros) | pens**aréis** | *you (pl.) will think* | beb**eréis** | *you (pl.) will drink* | viv**iréis** | *you (pl.) will live* |
| (ellos/ellas/Vds.) | pens**arán** | *they/you (pl.)(pol.) will think* | beb**erán** | *they/you (pl.)(pol.) will drink* | viv**irán** | *they/you (pl.)(pol.) will live* |

**Aprende: irregular futures**

**poner** = pon**dré**   **venir** = ven**dré**   **poder** = po**dré**   **salir** = sal**dré**   **decir** = d**iré**

**saber** = sa**bré**   **hacer** = ha**ré**   **querer** = que**rré**   **tener** = ten**dré**

**Aprende:** Useful expressions to use with the future tense

| | | |
|---|---|---|
| mañana por la mañana | el mes que viene | pronto |
| mañana por la tarde | la semana que viene | luego |
| mañana por la noche | el año que viene | después |
| pasado mañana | el lunes que viene | más tarde |
| dentro de unos días | el verano que viene | esta noche |
| dentro de tres días | el (próximo) año (próximo) | esta tarde |
| dentro de cinco minutos | la (próxima) semana (próxima) | a las seis |
| dentro de un momento | el (próximo) mes (próximo) | a medianoche |
| dentro de un rato | el (próximo) lunes (próximo) | cuanto antes |

## B 🎧 Escucha y escribe en inglés: ¿qué hará Saulo y cuándo?

Servicio de venta de billetes por Internet.

www.renfe.es   Para viajar en Euromed, Alaris, Altaria, AVE, Talgo 200, TRD y toda la oferta de trenes diurnos de Grandes Líneas en recorridos nacionales.

↘ Renfe

## C Escoge de los verbos de la lista.

| tendremos | sabrás | podremos | haré |
|---|---|---|---|
| querrán | pondrán | saldré | vendrá |

1 El año que viene _____ una casa más grande.
2 _____ los deberes más tarde.
3 Mi hermana _____ al gimnasio con nosotros esta tarde.
4 _____ de casa a las 6 de la mañana.
5 No _____ llegar a tiempo.
6 _____ la radio porque querrán escuchar las noticias.
7 Pronto _____ lo que pasa.
8 Los chicos de mi clase _____ visitar el Museo del Ferrocarril.

## D Une las preguntas con las respuestas.

1 ¿Vendrás a cenar esta noche?
2 Y, ¿qué dirás?
3 ¿Tus amigos querrán venir a patinar con nosotros?
4 ¿No saldrá el avión hasta las doce?
5 ¿Tendréis dinero para volver en taxi?
6 ¿Harán los deberes?
7 ¿Querrás ir a la fiesta de Luisa mañana?
8 Ya que no estudiaste anoche, ¿lo harás hoy?

a) Pues, no sabré qué decir.
b) No, no vendrán.
c) No sé si podrán.
d) Lo sabremos luego.
e) No sé, nos dirán pronto.
f) No sé si podré.
g) No lo hice ayer ni lo haré hoy.
h) No sé si me invitará.

## E Con tu compañero/a. Contesta a las preguntas utilizando el futuro en frases completas.

¿Adónde **irás** después de las clases? ¿Qué deberes **harás** esta noche? ¿**Saldrás** el fin de semana? ¿**Tendrás** tiempo el sábado para salir con tus amigos? ¿**Querrás** salir con tus padres también? ¿Me **dirás** lo que vas a hacer el domingo? ¿**Vendrás** temprano mañana al colegio?

**Aprende 78**

| | |
|---|---|
| pienso + inf | Pienso repasar para los exámenes. = *I am thinking of revising for the exams.* |
| espero + inf | Espero aprobar todos. = *I hope (I am expecting) to pass all of them.* |
| me gustaría + inf | Me gustaría leer más. = *I would (I'd) like to read more.* |
| quisiera + inf | Quisiera hacer un curso de informática. = *I'd like to do a computing course.* |
| quiero + inf | Quiero diseñar sitios de internet. = *I want to design websites.* |
| tengo la intención de + inf | Tengo la intención de trabajar en casa. = *I intend to work at home.* |

## F 🎧 Los planes de Carmen

Escucha y escoge.

| | | |
|---|---|---|
| 1 | Carmen is going to spend 5 days | with her family/with a friend. |
| 2 | She would like to | stay longer/not go to La Coruña. |
| 3 | She also wants to go to the coast | with her parents/without her parents. |
| 4 | She hopes to | be alone there/get a nice tan. |
| 5 | She intends to | get back/be very brown for the beginning of term. |
| 6 | She is thinking of | swimming a lot/doing nothing. |
| 7 | She would like to | join her new form/be fit. |
| 8 | She will come back | a new person/with a new friend. |

## G Une las dos partes de las frases.

| | | | |
|---|---|---|---|
| 1 | Pienso comprar un nuevo ordenador | a) | por otro más moderno. |
| 2 | Tengo la intención de cambiar mi móvil | b) | porque quiero saber lo que pasa en el mundo. |
| 3 | Mi madre compra el diario | c) | le llamo a su móvil. |
| 4 | Me gusta el Telediario | d) | para toda la familia. |
| 5 | No comprendo nada de internet | e) | porque prefiero ver lo que compro. |
| 6 | A veces escribo cartas | f) | por eso nuestro teléfono siempre está ocupado. |
| 7 | Quisiera ser periodista | g) | pero el correo electrónico es más rápido. |
| 8 | Cuando no sé dónde está mi marido | h) | leo las noticias en el Teletexto. |
| 9 | Mi hermano tiene muchas amigas | i) | para escribir artículos de fútbol. |
| 10 | Cuando llego tarde para el Telediario | j) | porque el que tengo es demasiado viejo. |

## Correo

Me llamo **Tere** y tengo 13 años. Me gustaría cartearme con gente de todo el mundo, de todas las religiones y razas. Me gusta *Operación Triunfo*, leer, la música y los deportes.
**Tere. Calle de la Alameda, 16, 5° D. 33012 Oviedo (Asturias)**

¿Qué tal estáis, queridos amigos? Me encanta Harry Potter, y me gustaría cambiar opiniones sobre los personajes, Harry, etcétera. Y si tenéis algo del mejor mago de Hogwarts repetido, me lo podéis mandar. También me gusta la música pop, como Britney, Thalia y Shakira.
Escribid a: **Natalia, Plaza de España, 10, 3° A. Madrid**

Soy **Ana**, tengo 11 años y mis aficiones son: dibujar, ir al cine, ver *Los Simpsons*. Me gustaría cartearme con chicos o chicas de mi edad.
Si quieres, escríbeme, a: **Avenida de la Constitución, 45, 8° C, Alcázar de San Juan (Ciudad Real)**

¡Hola, chicos! Me llamo **Irene**, tengo 12 años y me gustaría conocer a gente de todas las edades.
Me gusta patinar, escribir cartas, el deporte y, sobre todo, la música.
Si quieres conocerme, manda una carta a la calle **Sor Ángela, 28, 1° 1ª puerta. Córdoba.**

Hola, soy **Nacho** y tengo 12 años. Me gustaría cartearme con chicos y chicas de mi edad. Soy gran aficionado del Atlético Madrid.
**Calle Arquitecto Gaudí, 36, 2° 1ª. 08043 Barcelona**

### H (a) Lee el correo.

1 Who would like to write to people from all over the world?
2 Who does not mind which age group she writes to?
3 Which two will only write to penfriends of their own age?
4 Who mentions nothing about the age of his or her potential penfriends?
5 Who is asking for something to be sent? What?
6 Who would you choose to write to and why?

### I (a) Prepara un anuncio personal buscando con quién cartearte.

Escribe tu edad, tus pasatiempos, etc.

### H (b) ¿A quién escribes si ...

1 ... te gustan las novelas y los deportes?
2 ... te interesa pintar y ver películas buenas?
3 ... quieres cartearte con un chico?
4 ... te gustan la música y los deportes sobre hielo?
5 ... quieres una amiga en la capital?

### I (b) Escribe el anuncio que tú piensas que escribiría tu compañero/a.

Consulta para ver si está de acuerdo contigo.

**LdeE 1, 2, 3, 4** ▶

## ¿Qué va a ser de mí?

Estoy en una fase de mi vida en que no sé lo que quiero ser. Un día digo esto y otro día digo otra cosa. Tengo dieciséis años y todo el mundo piensa que debo saber lo que quiero ser. Pero mi respuesta siempre es: ‹‹No lo sé››. Si alguien quiere saber lo que quiero ser de verdad, ¡simplemente es ser feliz!

¡Claro, ser feliz!

Pero … ¿ser feliz?

Sí, vivir sin felicidad no es vivir. ¡Está claro! Yo creo que con paz, amor y alegría, entonces nadie va a querer morirse.

Todo el mundo cree que cuando nos preguntan lo que queremos ser, responderemos que nos gustaría ser enfermera, abogada, secretaria, etc. Pues, pensé mucho en esta pregunta y pienso que no me importa lo que quiero ser.

Ahora, escúchame bien lo que digo: haz todo para ser feliz, ama a las personas que te aman y realizarás tus sueños, porque sin sueños no hay esperanza. Y no desanimarte si tu sueño no se realiza, ¡inténtalo otra vez!

## J (a) Lee el texto y escoge las palabras apropiadas.

Pienso que esta persona es:

> indecisa, feliz, alegre, pensativa, insegura, dominante, agresiva, dulce, desorganizada, inteligente, filosófica, fuerte, débil, sociable, simpática, sabia, ingenua, inmadura, cariñosa, generosa, honesta, insistente, ilusa, estable, indiferente, caritativa, culta, educada, ambiciosa, perezosa, trabajadora

## J (b) Escrito/oral

**Con los adjetivos del ejercicio J(a), describe a tus compañeros/as de clase.**

Comienza con 'Pienso que ...' o 'Creo que ...'

*Ejemplo:* **Pienso que** Michael es ambicio**so**. Judith es
caritativ**a** ...

### Aprende 79

creer que = *to believe that*
pensar que = *to think that*
Pienso que lo más importante es ser feliz. ¡Mi hermano cree que ser rico es igualmente importante! ¿Qué piensas tú?

## K 🎧 Escucha y contesta las preguntas en inglés.

1 What does Ernesto hope to do? Why?
2 What does Julia's brother hope to do? When? Where might he work? Why does she say he needs to earn money?
3 What does Pablo's grandmother intend doing first? What will she do after that? What does she say about being at home?
4 Where is José inviting Carla to go? Will they be alone or with others? What would Carla like to do? Why can't she? What is she going to do to solve the problem?

## L  Lee y rellena.

(a) ¿Qué vas a hacer este fin de semana? Rellena con las palabras de la lista de sustantivos (nouns).

> sábado  deberes  familia  zapatillas  tarde
> mercadillo  semana  discos  parque  domingo

Bueno, ¿este fin de _____? Pues el _____ probablemente vamos a ir a un _____, quiero comprar unos _____ y unas _____, luego vamos a comer en casa con la _____, veremos un poco la tele y por la _____ tenemos intención de ir al _____ de atracciones. El _____, no sabemos, yo tengo que hacer muchos _____, creo que no voy a salir …

(b) Rellena con las palabras de la lista de infinitivos.

> aprender  celebrar  montar  alquilar
> hacer  esquiar  ir

En Navidad quisiera _____ una casita cerca de la montaña para _____ a _____. Me encantaría _____ a esquiar bien, y quisiera _____ allí la Nochevieja con la familia; _____ muñecos de nieve, _____ en trineo, todo eso que se hace en la nieve.

(c) Rellena con las palabras de la lista de verbos.

> voy  espero  tengo  debo  necesito  sé

No _____ cómo _____ a hacer este mes: _____ pagar el coche, _____ un nuevo ordenador y _____ que comprar regalos a mi madre y a mi sobrino. ¡_____ encontrar un marido rico pronto!

(d) Rellena con los nombres de la lista.

> Patricia  Mario  Mario  Julia

Oye, _____ tengo que preguntarte una cosa: ¿Tienes intención de casarte con _____ o no? Si no, pienso que _____ querrá casarse con mi hermana _____.

## M  Lee los horóscopos y contesta las preguntas en inglés.

### Horóscopos y predicciones

Tu cumpleaños en mayo:
Tendrás que hacer una fiesta pequeña con tu familia porque los vecinos se quejan. Terminaréis antes de las once. Recibirás dos regalos que ya tienes. También saldrás el fin de semana con tu mejor amigo.

Tu cumpleaños en enero:
Volverás a casa muy tarde, tus padres se enfadarán. No podrás salir todo el fin de semana. No te darán tus regalos hasta el próximo fin de semana.

Tu cumpleaños en agosto:
Lo pasarás en el extranjero. Hará mucho calor y no podrás salir hasta por la noche. Lo celebraréis con una cena pero no estarán tus amigos, solamente tu familia.

Tu cumpleaños en diciembre:
Te enviarán regalos tus abuelos y flores tus primos. Tus padres esperarán hasta Reyes.

1  In which month will the weather prevent you from going out in the day?
2  In which month will you be in trouble? Why? When will things get better?
3  In which month will people send things? Who and what?
4  Which month predicts that you will be kept in at weekends and which predicts you will be allowed out?
5  In which month will you not be in your country?
6  In which month will you not be with friends?
7  In which month would you least like to have your birthday, according to these predictions? Why?

## Comunicaciones

**a)** No me gusta dejar mensajes en el contestador automático. Odio hablar a una máquina. Si no contestan al teléfono, no hablo.

**b)** Yo paso todo el día leyendo los mensajes que mis amigos me mandan al móvil. Luego, yo les contesto. Así estamos en contacto constantemente. ¡Y no cuesta mucho dinero!

**c)** En casa tenemos fax, y es algo muy útil. Mi familia y yo escribimos a primos, tíos y amigos que viven en otras ciudades. También tengo amigos en otros países y nos mandamos cosas por fax. Mis padres lo utilizan para su trabajo, sobre todo mi madre, que trabaja desde casa.

**d)** Internet es una gran idea. Lo uso para coger material para el colegio, para leer las noticias y para escribir a mis amigos. Mi madre coge recetas de cocina y compra ropa y libros a través de internet. También puedes comprar cosas de otros países.

**e)** Me encanta el 'web-cam'. Es lo último – una amiga mía la tiene y puede hablar con sus amigos por internet, pero no hay que escribir, tú ves a tu amiga cuando habla por una cámara, y ella te ve a ti. ¡Es fabuloso! Yo me quiero comprar una, pero es muy cara.

## N Lee y decide.

Decide a cuáles de los párrafos de arriba pertenecen estas frases.

1 Es una manera barata de estar en contacto.
2 A veces no puedo enviar uno porque solamente tenemos una línea de teléfono en casa.
3 Es casi como estar al lado de la otra persona.
4 Además, no siempre responden a los mensajes.
5 Claro, también tiene uno acceso a material muy desagradable.
6 Estoy ahorrando para ver si puedo comprar uno cuanto antes.
7 Es fácil porque no hay que salir de casa para hacer las compras.
8 Pero a mis padres les parece ridículo estar pendiente de una maquinita tanto tiempo.

### Aprende 80

Regular adverbs are formed by adding *mente* to the feminine form of the adjective.
Here are examples that you have read in this chapter: *simplemente, probablemente, solamente, constantemente, últimamente, normalmente.*

## O Escrito/oral. Con tu compañero/a

¿Tienes … móvil? fax? web-camera? teléfono? ordenador (portátil)? internet? contestador automático?

¿Te gustaría tener … móvil? fax? web-camera? teléfono? ordenador (portátil)? internet? contestador automático?

**¿Por qué? ¿Por qué no?**

## P (a) 🎧 Escucha. Oirás unos adverbios.

Escribe los adjetivos – femeninos y masculinos

*Ejemplo:*      F        M
1 solamente    sola     solo

## P (b) ¿Cuáles son los adverbios?

| | | | |
|---|---|---|---|
| 1 | frecuente | 4 | fácil |
| 2 | desafortunado | 5 | total |
| 3 | rápido | 6 | completo |

**José**

Mis padres leen *El Mundo*. A mí me gustan los anuncios y la cartelera para ver qué películas ponen.

**Inma**

Leo las páginas de deportes. A veces leo las noticias en internet. También veo el Telediario.

**Luisa**

Yo prefiero comunicarme por teléfono y a través de mensajes de texto. Ahora no tengo permiso pero mis padres dicen que pronto podré empezar a utilizar el correo electrónico.

**El Sr. Cordovero**

Yo, como tengo setenta años, no comprendo las maquinitas modernas y todavía escribo cartas a mis familiares y amigos. Un día voy a empezar a aprender a usar ordenadores. Creo que será difícil pero espero saber pronto cómo utilizar los ordenadores y el móvil.

## Q Lee y contesta a las preguntas.

1 ¿A quién le interesa el cine?
2 ¿Quién tiene que esperar para poder utilizar e-mail?
3 ¿Quién quiere comprender la tecnología de hoy?
4 ¿Quién está bien informada?
5 ¿Quién piensa progresar en el futuro?
6 ¿A quién le gusta hablar y escribir?
7 ¿Quién lee el periódico que compran otros?
8 ¿Quién compra sellos?

## R Lee la Guía del Tiempo Libre y ...

a) … escoge tus cinco actividades preferidas en las secciones de Cultura, Recreo y Deportes.
b) En la sección de Turismo escoge y ordena las cosas más importantes para ti cuando vas de vacaciones.

## Guía del Tiempo Libre

**turismo**

| | |
|---|---|
| 05 | agencias de viaje (mayoristas) |
| 05 | agencias de viaje (minoristas) |
| 10 | rent a car |
| 10 | turismo activo |
| 10 | turismo (servicios) |
| 11 | alojamiento rural |
| 11 | apartamentos turísticos |
| 11 | balnearios |
| 11 | campings categoría 1ª |
| 11 | campings categoría 2ª |
| 12 | hoteles |
| 16 | hostal 2 estrellas |
| 16 | paradores de turismo |
| 17 | bocaterías |
| 17 | cafeterías |
| 17 | comidas preparadas |
| 17 | restaurantes |
| 24 | tiendas gourmet |
| 26 | cervecerías |
| 26 | tapas |
| 26 | catering |
| 27 | salones de banquetes |
| 28 | salones de convenciones |

**cultura**

| | |
|---|---|
| 30 | acuarios |
| 30 | animación cultural |
| 30 | cines |
| 31 | galerías de arte |
| 31 | gestión cultural |
| 31 | granja escuelas |
| 31 | museos |
| 32 | salas de conciertos |
| 33 | teatros |
| 33 | visitas guiadas |
| 33 | zoológicos |

**recreo**

| | |
|---|---|
| 33 | discotecas |
| 35 | discotecas ritmo latino |
| 36 | pubs |
| 37 | salas de fiesta |
| 37 | bingos |
| 37 | boleras |
| 37 | casinos |
| 37 | cibercentros y cibercafés |
| 38 | clases de baile |
| 38 | organización de espectáculos |

| | |
|---|---|
| 38 | parques de ocio |
| 39 | patinaje |

**deportes**

| | |
|---|---|
| 39 | baloncesto |
| 39 | balonmano |
| 39 | ciclismo |
| 39 | deportes de aventura |
| 39 | deportes náuticos |
| 39 | escuelas náuticas |
| 40 | puertos deportivos |
| 40 | equitación |
| 40 | frontenis |
| 40 | fútbol |
| 41 | gimnasios |
| 41 | golf |
| 41 | motor |
| 41 | padel |
| 41 | pilota valenciana |
| 42 | piscinas |
| 42 | polideportivos |
| 42 | squash |
| 44 | tenis |

### Laura Herraiz Martínez

A mí me gustaría ser enfermera, o empezar a ser comadrona porque me gusta mucho el cuidado de los niños y me gusta mucho esa profesión.

### Iván Vilares Ríos

Yo creo que para mí, yo quisiera ser traductor, pero es que a lo mejor traductor es una profesión que no tiene mucho futuro, pero en mis ratos libres me gustaría dedicarme a eso. Si no, me gustaría estudiar informática porque es una profesión con futuro y además los ordenadores se me dan muy bien.

### Cristina Quicios Espinoso

De mayor me gustaría ser médico o veterinaria porque tengo demasiados animales en casa. Mi hermana estudia Derecho y toca el clarinete.

### Ismael Montero Arévalo

Cuando sea mayor me gustaría ser futbolista y empezar a ser un jugador de élite como lo es Figo, Raúl … Pero también me gustaría tener una carrera para tener el futuro seguro. Me gustaría ser arquitecto, abogado o incluso médico.

## S Contesta en inglés.

1. Which two professions does the person who likes to look after children prefer?
2. Which two speakers will opt for other work because they do not think there is much future in their preferred professions? What are their alternatives?
3. What is Cristina most likely to go for and why?

### Contesta en español.

4. ¿Quién no tiene problemas con los ordenadores?
5. ¿Quién conoce a alguien que va a ser abogada y le gusta la música?
6. ¿Quién piensa que la carrera de deportista no es muy segura?
7. ¿Qué profesión de las mencionadas arriba piensas tú que es más útil?
8. ¿Qué carrera te gustaría estudiar? ¿Por qué? ¿Es una profesión con futuro?

## T (a) 🎧 Escucha y completa las frases en inglés.

**Rocío Gaempiezo Nieto**

1  Rocío will be _____. She _____
   to achieve this.

**Estefanía Prior Cano**

2  Estefanía would like to study _____,
   _____ or _____. She thinks
   these careers guarantee a _____.

**Sergio Lorca**

3  a)  What do Sergio's parents sell?
   b)  With whom does the mother work?
   c)  Why do his parents work so hard?
   d)  What does Sergio feel he has to do?
   e)  How will his parents feel if he does so?
   f)  What would he really like to be?
   g)  Why does he think it is not a good choice?
   h)  What other option does he say he has?

**Beatriz Ortega García**

4  Beatriz would like to be a _____ as a
   hobby and an _____ professionally.

## T (b) Rellena los espacios en blanco.

### 1  Lorena Bonilla Portero

Rellena con las palabras de la lista de sustantivos (nouns).

| animales   pájaros   leyes   contaminación   plantas   ciudad   campo   naturaleza |
| --- |

La verdad es que no tengo nada claro lo que quiero ser de mayor, pero me gustaría dedicarme a la naturaleza o algo relacionado con la _____ porque me gustan mucho los _____ o si no pues algo dedicado a _____ o algo por el estilo. Pero, sobre todo, la naturaleza porque me encanta salir al _____ y conocer las _____ y los _____ y todo eso. Y no me gusta la _____, por eso vivo en una _____ pequeña donde no hay mucha contaminación.

### 2  José Campos

Rellena con las palabras de la lista de sustantivos (nouns).

| día   Inglaterra   lengua   todo   país   hora   idioma   inglés |
| --- |

Últimamente, cada _____ aprendo más _____. Me gustaría visitar algún _____ de habla inglesa, porque me gustaría aprender otro _____ más. Me encantaría visitar _____ ya que dicen que allí se aprende la _____ bien, aunque luego a la _____ de escribir va a ser más difícil, pero estudiando se soluciona _____.

### 3  Susana Ramelleira González

Rellena con las palabras de la lista de sustantivos (nouns) y verbos.

| médico   astrónoma   asignaturas   carrera   niños // es   sé   gustaría   quisiera   voy   ser |
| --- |

A mí me _____ ser _____ aunque _____ que es una _____ muy difícil, tienes que esforzarte mucho y yo en las _____ no _____ ya muy bien, me gustaría _____ médico, sobre todo de _____. Si no _____ posible _____ ser _____.

## Aprende 81 🎧

**es de** *belongs to* / **son de** *belong to*

| | | |
|---|---|---|
| mío(s)/mía(s) – *mine* | **el** coche | es mí**o** | *it is mine* |
| tuyo(s)/tuya(s) – *yours* | **las** fald**as** | son tuy**as** | *they are yours* |
| suyo(s)/suya(s) – *his* and *hers* | **la** casa | es suy**a** | *it is his/hers* |
| nuestro(s)/nuestra(s) – *ours* | **las** monedas | son nuestr**as** | *they are ours* |
| vuestro(s)/vuestra(s) – *yours (pl)* | **el** ordenador | no es vuestr**o** | *it is not yours (pl)* |
| suyo(s)/suya(s) – *theirs (m and f)* | **las** cartas | no son suy**as** | *they are not theirs* |
| | **la** casa | es suy**a** | *it is theirs* |

## U (a) Escribe *mío/a, tuyo/a, suyo/a,* etc.

*Ejemplos:* mi casa – **es** mí**a**

nuestras faldas – **son** nuestr**as**

1  su casa
2  tu cepillo
3  mi peine
4  su restaurante
5  tu cerveza

6  mis hijos
7  mi guardarropa
8  vuestras bicicletas
9  los libros de Carlos
10  la corbata del Sr. Martínez

## U (b) Oral/escrito

Elige la frase que va con cada dibujo.

> Son suyas. Es nuestra. Es suyo. Son nuestras. Son suyos. Son nuestros.

1

2

3

4

5

6

## U (c) Une las preguntas con las respuestas.

1  ¿De quién es el campo de golf?
2  ¿De quiénes son los móviles?
3  ¿De quién son las pelotas?
4  ¿De quiénes son los ordenadores?
5  ¿De quién son los cuadernos?
6  ¿De quién es la escuela?

a)  son suyos
b)  son suyos
c)  es suya
d)  son suyas
e)  es suyo
f)  son suyos

LdeE 5, 6

## Aprende 82 🎧

|  | empezar (a) + inf | to begin/start |  |
|---|---|---|---|
| (yo) | emp**ie**zo | *I start* | Empiezo a estudiar a las nueve. |
| (tú) | emp**ie**zas | *you start* |  |
| (él/ella/Vd.) | emp**ie**za | *he/she/you (pol) start* | Empieza a desayunar a las siete. |
| (nosotros/as) | emp**e**zamos | *we start* |  |
| (vosotros/as) | emp**e**záis | *you (pl) start* |  |
| (ellos/ellas/Vds.) | emp**ie**zan | *they/you (pl) (pol) start* | Empiezan a trabajar el lunes. |

*Com**e**nzar a = to begin/start (works in the same way as emp**e**zar a)*
*Terminar de + inf = to finish*

**Aprende:** notice the spelling changes from 'e' to 'ie' in *empezar* and *comenzar*. Similar changes happen in other verbs spelled with 'e', such as *pensar* and *querer*. **But** remember the *nosotros* and *vosotros* forms **are not** affected.

*p**ie**nso, p**ie**nsas, p**ie**nsa, pensamos, pensáis, p**ie**nsan.*
*qu**ie**ro, qu**ie**res, qu**ie**re, queremos, queréis, qu**ie**ren.*

Some verbs with an 'o' spelling, such as *doler* and *poder*, change to 'ue':
*p**ue**do, p**ue**des, p**ue**de, podemos, podéis, p**ue**den*

*Comienza a trabajar temprano*

*Terminan de jugar los chicos*

*Empieza a llover en la playa*

**V** 🎧 **Escucha las cinco frases y escribe V (verdadero) o F (falso).**

Mamá: Voy a una fiesta con mis amigas. Comienza a los ocho y no termina hasta las once y media. ¿Vuelvo sola o no? ¿Qué piensas? Luego te llamo.
Isabel.

## W Contesta en español.

1 Cuando el profesor sale de la clase, ¿empiezas a hablar?
2 ¿Terminas de desayunar antes de las ocho?
3 ¿A qué hora empiezas a estudiar por la tarde?
4 ¿A qué hora terminan las clases en tu colegio?
5 ¿Cuándo comienzan las vacaciones de verano?
6 ¿Qué dice el profesor cuando comenzáis a gritar en clase?
7 ¿En qué mes empieza a nevar en tu país?
8 ¿Adónde vas cuando terminas de ver la televisión por la noche?
9 ¿Quién comienza normalmente a lavar los platos en casa?
10 ¿Es posible empezar a aprender a conducir con 16 años en tu país?

## X ¿Qué frase describe cada dibujo?

*1*

*4*

*7*

*2*

*5*

*8*

*3*

*6*

a) Él comienza después.
b) Él comienza primero.
c) Ellas terminan antes.
d) Ellos comienzan antes.
e) Él termina después.
f) Ella termina antes.
g) Ellas comienzan antes.
h) Ella comienza antes.

# Rompecabezas

## Y (a) Busca las soluciones.

Escribe la primera letra de la respuesta de **1**, la segunda de la respuesta de **2**, la tercera de **3**, etc., Entonces, cambia el orden de las letras para formar el nombre de una capital.

1 tres menos dos
2 cinco y cinco
3 transporte del hospital
4 iglesia principal
5 ir a la calle
6 vehículo de granja
7 oliva
8 lugar donde comer
9 legumbres pequeñas, redondas y verdes
10 totalmente
11 los habitantes de Canadá

## Y (b) Descubre.

1 Un día de la semana no tiene **s**
2 Dos días de la semana no tienen **e**
3 Tres días de la semana tienen **r**
4 Cuatro días de la semana no tienen **m**
5 Cinco días de la semana no tienen **d**
6 Seis días de la semana no tienen **g**

## Y (c) Lee y contesta a las preguntas.

Los domingos de Teresa
La madre de Teresa trabaja en un cine. Los domingos empieza a las siete de la tarde, y su hija trata de ver todas las películas. Nunca paga y siempre pasa tres horas en el cine. Su madre termina de trabajar a medianoche.

1 ¿Quién trabaja en el cine?
2 ¿A qué hora llega Teresa?
3 ¿Pasa cuatro horas en el cine?
4 ¿Qué trata de hacer Teresa?
5 ¿Paga Teresa?
6 ¿Dónde está la madre a las once y media?
7 ¿Qué dice Teresa de sus domingos?

## Y (d) Completa las frases correctamente, utilizando las siguientes expresiones.

> a la una   a las nueve   cenar   estudiar
> comer   trabajar

1 Manuel empieza _____ .
2 Mi hermano trata de _____ todas las noches.
3 El partido de fútbol termina _____ .
4 Carlos empieza a _____ en la oficina muy temprano.
5 Mis padres terminan de _____ muy tarde.
6 Los abuelos comienzan a _____ a las dos.

## Y (e) ¿Cuál no pertenece?

La razón puede ser una diferencia de gramática o de sentido.

1 futuro pasado pesado presente
2 tendré comeré pondrás comió
3 pienso vuelvo hablo comienzo
4 periodista nevera carpintero abogado
5 deportes ordenador política economía
6 queso párrafo frase expresión
7 aburrido triste antipático agradable
8 tuyo suyo vuestro nosotros

## Z Contesta.

Pedro vive en el noveno piso, Juan en el quinto y Felipe en el tercero. Julián vive más cerca de Juan que de Felipe. Pilar vive más lejos de Pedro que de Felipe. Felipe sube menos escaleras que todos.
(Solamente una persona vive en cada piso.)

1 ¿Quién vive en el sexto piso?
2 ¿Quién tiene que subir más escaleras?
3 ¿En qué piso vive Pilar?

**Laura**

A mí sí que me gusta vivir en Cuenca. Es una ciudad muy bonita, sobre todo, el casco antiguo. Pero las desventajas que tiene es que no hay muchas opciones para estudiar, ni medios de transporte.Si vienes a visitar Cuenca, lo que tienes que ver es la catedral, las Casas Colgadas, la Ciudad Encantada y, si puedes, ir a ver el parque natural del Osquillo que también es muy bonito. A mí me gustaría seguir viviendo aquí en Cuenca porque es muy tranquila. En cambio Madrid o Barcelona son ciudades en las que hay mucho tráfico y mucho bullicio.

*Las Casas Colgadas*

*La Ciudad Encantada*

## A Contesta en inglés.

1 What does Laura particularly like about Cuenca?
2 What does she say are the disadvantages?
3 Which places should you visit if possible?
4 Why would she like to continue living in Cuenca?
5 How does it compare with Madrid and Barcelona?
6 Find at least two phrases that suggest that Laura is in no doubt about liking Cuenca.

## B (a) Lee y rellena.

> gente grande muy contrario mucha bien carrera
> menos estresante más mucho muchas tranquila

**Esther**

No me gustaría vivir en Madrid porque es una ciudad muy _____ y con _____ ruido, y _____ delincuencia. Es _____, todo lo _____ a Cuenca, que es una ciudad muy _____. Allí hay _____ más comodidades, de hecho iré a Madrid para estudiar una _____. Pero luego si encuentro trabajo en Cuenca, mejor, porque al ser una ciudad pequeña hay _____ bullicio, se está _____ tranquilo; también en las ciudades más grandes suele haber más _____ y Cuenca es una ciudad pequeña, es _____ bonita y también tiene todo lo que se necesita para poder vivir más o menos _____.

## B (b) Contesta en español.

1 ¿Por qué Esther no quiere vivir en Cuenca?
2 ¿Qué planes tiene para ir a Madrid?
3 ¿Qué ventajas y desventajas menciona de Madrid?
4 ¿Habla bien, mal o regular de Cuenca?

## Aprende 83 🎧

mucho = *a lot, lots*    poco = *a bit, a few*
*When you use* mucho *or* poco *with a noun, they must agree.*
muchos problemas, poco ruido, muchas amigas
más = *more*    menos = *less*
*You can use these with nouns or adjectives. The words* más *and* menos *do not change.*
Madrid es más grande que Cuenca. En Cuenca hay menos gente.
muy = *very*
*You can use this with adjectives.* Muy *does not change.*
Cuenca es una ciudad muy bonita.

## C 🎧 Escucha, anota en inglés y comprueba tus apuntes con el texto abajo.

What does Beatriz say about:

1 Madrid, time and travel?
2 Cuenca, pollution and people?

**Beatriz Ortega García**

No me gustaría vivir en Madrid porque me parece demasiado grande y hay que estar muy pendiente de horarios, pasas demasiado tiempo viajando. Además, me gusta Cuenca porque no hay contaminación y porque es una ciudad muy tranquila, una ciudad pequeña donde todos nos conocemos y nos llevamos bien.

**LdeE 1, 2** ▶

## Aprende 84 🎧

*The adjectives* bueno *and* grande *shorten to* buen *and* gran *when they are placed before the noun.*
*They also have a stronger meaning.*

| Buen/Bueno | Grande | Gran |
|---|---|---|
| **un** chico **bueno** | **una** casa **grande** | **una gran** casa |
| **un buen** chico | | |

**But**

| **una** cena **buena** | **un** coche **grande** | **un gran** coche |
|---|---|---|
| una **buena** cena | | |

***also:*** mal/malo/a

## D Escoge.

| 1 | El día de la boda es | *buen/bueno* | día para los novios. |
|---|---|---|---|
| 2 | El domingo es | *buen/bueno* | día para relajarse. |
| 3 | Hoy hace tiempo | *buen/bueno* | para nadar. |
| 4 | Tenemos un | *gran/grande* | coche para viajar. |
| 5 | Compramos un coche | *gran/grande* | para toda la familia. |
| 6 | Salimos de casa a una | *mal/mala* | hora. |
| 7 | Es una | *buen/buena* | playa para nadar. |
| 8 | Es un mes | *mal/malo* | para esquiar. |

## E 🎧 Escucha y decide.   ¿De qué dibujo hablan o qué dibujo están describiendo?

## F Con tu compañero/a

Intenta describir o discutir la diferencia entre ...

1   un gran hombre y un hombre grande
2   una gran bicicleta y una bicicleta grande
3   un gran premio y un premio grande
4   un gran colegio y un colegio grande

**LdeE 3, 4**

**Viajar en transporte público o privado . . .**

## G Lee y completa el texto con las palabras de la lista.

> volvemos   paramos   seguimos   andar   tren   andando

Mis amigos y yo solemos salir de excursión los sábados, a hacer senderismo. Llevamos nuestras mochilas y buenas botas especiales para _____. Vamos en _____ hasta un pueblo en la montaña y de ahí subimos el monte _____. _____ a descansar y comemos. Si hace mucho frío buscamos un bar o restaurante para tomar algo caliente; si no, _____ hasta por la tarde. Luego _____ en tren, cansados pero relajados y contentos.

## H 🎧 Escucha y contesta en inglés.

1 What is said about Madrid's underground in terms of speed and size of network?
2 What does the speaker prefer and why?
3 When is it better to travel by underground than by bus?
4 Why is using your car not advised?

*No hay bicicletas ni motocicletas*

## I 🎧 Escucha y contesta en inglés.

1 What means of transport is hardly ever used in large cities in Spain?
2 Why does the speaker think it is dangerous?
3 What is the attitude of car drivers to this form of transport?
4 What is the city like for motorcyclists?
5 What does the speaker think about using a motorbike?

## Los viajes ecológicos

### J  Lee y contesta en español.

**Sonia**

Para viajar de una ciudad a otra puedes ir en tu coche – sobre todo si llevas mucho equipaje – pero también el tren y el autocar son buenas opciones. Hace poco fui desde Madrid a Algeciras en un autocar comodísimo, con aire acondicionado, asientos reclinables y vídeo. Incluso te regalaban botellas de agua mineral para el viaje. Fue una experiencia muy agradable.

1  ¿De qué tres maneras nos aconsejan viajar de una ciudad a otra?
2  ¿Cuándo es mejor viajar en coche?
3  ¿Cómo viajó Sonia de Madrid a Algeciras?
4  ¿Por qué encontró esta forma de viajar muy cómoda?

### K  Lee y rellena con las palabras de la lista.

| excursiones | explorar | naturales |
|---|---|---|
| bicicletas | forma | debes |

Otra _____ de viajar por el campo y ver la naturaleza es en _____ organizadas, en parques _____, como Monte Aventura, en Málaga. Viajas en un *todo-terreno* o *jeep*, y también puedes _____ en _____ de montaña. Se pasa muy bien pero _____ estar en forma.

### L  Compara las fotos.

Describe lo que ocurre, dónde y cuándo.
¿Adónde te gustaría estar y por qué?

## Cuidando el medioambiente

### M Lee y rellena con verbos de la lista.

| tiene | hay | se recicla | echa | ponen | lleva |
|-------|-----|-----------|------|-------|-------|
| | | viene | se pueden | | |

En muchas ciudades de España _____ todo.
Todo el mundo _____ dos basuras en su
casa, en una _____ todos los envases que
se pueden reciclar, como cristal, plástico, metal
… y en la otra basura ponen materia orgánica:
restos de comida y cosas que no _____
reciclar. Fuera de las casas _____ dos
contenedores diferentes, de distintos colores, y la
gente _____ la basura en uno o en otro.
Todos los días _____ un camión y se lo
_____.

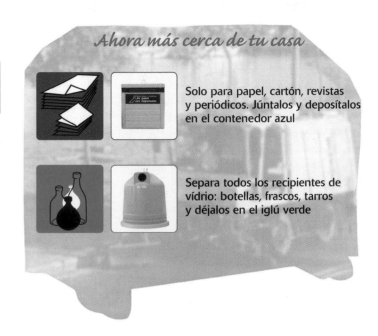

*Ahora más cerca de tu casa*

Solo para papel, cartón, revistas y periódicos. Júntalos y deposítalos en el contenedor azul

Separa todos los recipientes de vidrio: botellas, frascos, tarros y déjalos en el iglú verde

### N 🎧 Escucha y anota los consejos. Contesta en inglés.

1 What is important?
2 What occasion is given as an example?
3 What must you do?
4 What must you not do?
5 Why should you do this?

## Reciclaje

### O  Lee y contesta en inglés.

Yo reciclo todo lo que puedo: periódicos y revistas, botellas de cristal, latas de aluminio y todo tipo de plásticos, ¡ah! y también tiramos las pilas en un sitio especial para pilas. En mi familia todos somos muy 'ecologistas'; cuidamos mucho el medioambiente. También, ahora se reciclan las medicinas o medicamentos que no has usado, para eso se llevan a las farmacias y allí los destruyen o si todavía están bien, los usan para animales y otros usos.

Vamos a reciclar los envases y a eliminar los restos de los medicamentos

Llévame a tu farmacia, por favor

Por la Salud de la Naturaleza

Con autorización de
CONSEJERÍA DE MEDIO AMBIENTE
**Comunidad de Madrid**      S I G R E

1  What does the writer recycle?
2  What does he say about batteries?
3  What does he say about his family?
4  What is done nowadays with unwanted medicine?

### P  Lee y rellena.

grifo energía luces agua habitación papel

Nosotros no reciclamos mucho, sólo _____ y periódicos. Pero tenemos cuidado con el _____, no hay que malgastarla, por ejemplo, hay que cerrar el _____ cuando no usas el agua, y mi padre se enfada mucho si dejamos las _____ encendidas cuando no estamos en la _____. Hay que ahorrar _____.

### Aprende 85 🎧

*When you are referring to something, in expressions like the following ones taken from this unit, you need the relative pronoun* que, *even though you don't always need the words 'which' or 'that' in English.*

ciudades **en las que** = *cities **in which***
**los** envases **que** se pueden reciclar = *the packages **that** can be recycled*
**las** medicinas **que** no has usado = *the medicines (**that**) you haven't used*

*When there is no noun used, you need* **lo que** *to translate 'that' or 'what'.*

describe **lo que** ocurrió = *describe **what** happened*
reciclo todo **lo que** puedo = *I recycle all **that** I can*
**lo que** tienes que ver = ***what** you must see*

## Vacaciones ecológicas

## S 🎧 Escucha, rellena y traduce al inglés.

> árboles algo vacaciones padres siempre hermano semana pueblo 70 bonito lago

## Q Lee y rellena con las palabras de la lista.

> vacaciones naturaleza ciudad contaminación ruido ciudad campo familia

A mi _____ y a mí nos gusta pasar las
_____ en el _____, lejos de la _____,
en un lugar tranquilo, sin _____ ni _____.
Nos gusta el contacto con la _____, porque odio
vivir en la _____.

Mis _____ tienen una casa en el _____, a
unos _____ kms de aquí. Es un sitio muy
_____, cerca de un _____. Solemos ir los
fines de _____ y en _____. A mi
_____ le gusta ayudar a mi padre porque
tenemos _____ frutales y una pequeña huerta.
Mi padre _____ está trabajando en _____.

## R Lee y contesta en español.

El año pasado pasé dos semanas con unos amigos
limpiando una playa en el norte de España. En el
invierno un petrolero tuvo un accidente y toda la
costa se llenó de petróleo. Fue un desastre
ecológico; murieron muchos peces y muchas aves.
Pero muchos voluntarios fueron a ayudar, y este año
las playas están limpias otra vez.

1  ¿Cuándo fueron a limpiar las playas?
2  ¿En qué época del año tuvo lugar el desastre
   ecológico?
3  ¿Qué ocurrió?
4  ¿Por qué están las playas limpias ahora?

LdeE 7

## De compras: productos ecológicos

### Rosa
Mi hermana suele comprar productos orgánicos o biológicos porque dice que es mejor para el medioambiente y para la salud. Mi madre no, dice que son muy caros y la mayoría de las tiendas y supermercados todavía no venden frutas ni verduras orgánicos.

### Mariana
Tengo que decir que compro más en el supermercado que en el mercado. Para mí es más fácil ir al supermercado o al hipermercado con el coche una vez por semana y hacer una compra grande, que ir todos los días, porque trabajo y no tengo tiempo.

### José
En España necesitamos más productos orgánicos, más naturales. Hay que lavar muy bien la fruta no orgánica porque tiene insecticidas y son peligrosos para la salud. A mí me gusta comer los productos naturales; cuando voy a mi pueblo compro fruta y verdura de allí; a veces no es tan bonita como la de los supermercados, pero el sabor es mejor.

### Salvador
Mi madre hace la compra principalmente en el mercado, porque es más barato, hay más variedad y todo es muy fresco. A veces también compra en el supermercado, porque hay uno cerca de casa y es muy conveniente: encuentras todo en un mismo sitio y si haces una compra grande muchas veces te lo llevan a tu casa, así que es mucho más cómodo.

## T Lee y contesta en español.

1 ¿Quién dice que los productos orgánicos no son baratos?
2 ¿Quién va al mercado porque no es tan caro?
3 ¿Por qué hay que lavar la fruta?
4 ¿Quién prefiere hacer la compra una vez por semana?
5 ¿Dónde hay mucha variedad y probablemente la comida es más fresca?
6 ¿Qué diferencia en apariencia hay entre los productos naturales y los del supermercado?
7 ¿Cuáles tienen mejor sabor?
8 ¿Quiénes envían la compra a veces a casa?
9 ¿Quién no tiene tiempo para ir al mercado?
10 ¿Cuáles son las ventajas de comprar en el supermercado?

### Aprende 86
¿Cuál? = *Which?*
*Use* ¿Cuáles? *with plural nouns.*
¿Cuáles son las ventajas de los productos orgánicos?
Son buenos para la salud, y buenos para el medioambiente.
Y ¿cuál es el problema? Cuestan más.

## U Haz preguntas para estas respuestas.

1 Porque dice que son muy caros.
2 Porque no tengo tiempo.
3 Porque contienen insecticidas.
4 Porque el sabor es mejor.
5 Porque hay más variedad y todo es muy fresco.
6 Porque voy con mi coche.

LdeE 8, 9

# Prohibido y no aconsejable

No ponga
en PELIGRO su salud y seguridad
comprando en
VENTA AMBULANTE ILEGAL

al adquirir
PRODUCTOS FALSOS
renuncia a su derecho a exigir

COMPRE SIEMPRE EN
ESTABLECIMIENTOS Y
PUESTOS
AUTORIZADOS

Ayuntamiento de Madrid

PELIGRO
ZONA DE
MANIOBRAS

PROHIBIDO
EL ACCESO DE
PERSONAS Y
VEHICULOS AJENOS
A LA TERMINAL

toro y betolaza, s.a.

PROHIBIDO
JUGAR A LA
PELOTA

PROHIBIDO
TIRAR
ESCOMBROS
Y BASURAS
SE SANCIONARÁ
LA INFRACCION

PROHIBIDO
FUMAR

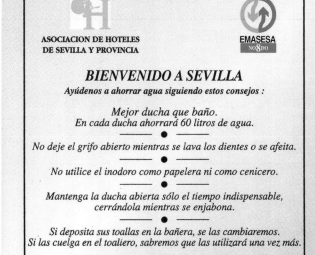

ASOCIACION DE HOTELES
DE SEVILLA Y PROVINCIA

EMASESA

BIENVENIDO A SEVILLA

Ayúdenos a ahorrar agua siguiendo estos consejos :

Mejor ducha que baño.
En cada ducha ahorrará 60 litros de agua.

No deje el grifo abierto mientras se lava los dientes o se afeita.

No utilice el inodoro como papelera ni como cenicero.

Mantenga la ducha abierta sólo el tiempo indispensable,
cerrándola mientras se enjabona.

Si deposita sus toallas en la bañera, se las cambiaremos.
Si las cuelga en el toallero, sabremos que las utilizará una vez más.

Sevilla se lo agradece
y le desea una feliz estancia.

POR ORDEN DE LA DIRECCION
SE PROHIBE LA ENTRADA A
TODA PERSONA AJENA A ESTE
DEPARTAMENTO.

## Aprende 87 🎧

### Negative imperatives

|  | Habl(ar) | Com(er) | Decid(ir) |
|---|---|---|---|
| *Familiar (sing)* | no hables | no comas | no decidas |
| *Formal (sing)* | no hable | no coma | no decida |
| *Familiar (pl)* | no habléis | no comáis | no decidáis |
| *Formal (pl)* | no hablen | no coman | no decidan |

**Aprende:** Irregulars: no pongas, no vengas, no hagas, no salgas, no seas, no vayas, no tengas, no digas

---

## V  Lee, y mira la gramática.

Con la ayuda de Aprende 87 y de tu compañero/a, escribe anuncios similares para la clase en español. Una vez seguros de la gramática podéis pasarlo todo por ordenador y hacerlos más presentables.

**LdeE 10**

## W  (a) ¿En qué situaciones te pueden decir ...?

| 1 | no salgas | **a)** cuando no hay mucha luz. |
|---|---|---|
| 2 | no vengas | **b)** porque ya todos van a acostarse. |
| 3 | no vayas | **c)** cuando está lloviendo a mares. |
| 4 | no leas | **d)** cuando las tapas no son de hoy. |
| 5 | no comas | **e)** porque no estás invitado/a. |
| 6 | no bebas | **f)** porque ya no hay exámenes. |
| 7 | no estudies | **g)** porque esa chica no vale la pena. |
| 8 | no llores | **h)** porque el agua no es buena. |

## W  (b) ¿Quién diría lo siguiente?

Tu profesor, tus padres, tu amigo o en los grandes almacenes.

1  No vuelvas en taxi.
2  No hagas nada malo esta tarde.
3  No pongas los pies en la mesa.
4  No tengas miedo de tus profesores.
5  No salgas sola con Juan.
6  No fumen en los pasillos.
7  No utilicen los ascensores, usen las escaleras.
8  No habléis tanto por teléfono.
9  No entréis corriendo.
10  No lleguéis tarde esta noche.

## X  🎧 Escucha las 10 instrucciones y escribe en inglés lo que te están pidiendo que no hagas.

## Y  Escribe las siguientes instrucciones en español, para tu hermano/a.

1  Don't write to Carla.
2  Don't speak English in Spain.
3  Don't open the window.
4  Don't cry.
5  Don't tell lies.
6  Don't come up the stairs.
7  Don't go out alone.
8  Don't come without your friends.
9  Don't arrive too early.
10  Don't do anything.

# Rompecabezas

## **Z** (a) Ordena las palabras de la lista bajo los temas siguientes.

| | |
|---|---|
| **El tiempo** | **El medioambiente** |
| **Viajes** | **Ordenadores** |
| **Estudios** | **Medicina** |
| **Amigos** | **Familia** |

clima, desperdicios, jarabe, amistad, nochebuena, horario, ayuda, clínica, dolores, primos, despejado, aterrizar, cubierto, correo electrónico, píldoras, nublado, diseño, contaminación, equipaje, salir, reciclar, buscador, sociología, novio, cristal, hijos, cartearse, facturar, filosofía, billete, suegros, internet

## **Z** (b) Buscapalabras

Busca las palabras de la lista en el cuadro y sus significados en el diccionario.

Hay que utilizar todas las letras.

| M | E | D | I | O | A | M | B | I | E | N | T | E |
|---|---|---|---|---|---|---|---|---|---|---|---|---|
| I | O | M | E | S | T | A | R | T | A | I | O | L |
| S | C | I | N | T | E | L | I | G | E | N | T | E |
| T | O | R | T | R | R | A | T | O | N | G | A | G |
| E | M | A | R | A | R | O | A | C | P | U | L | A |
| R | E | N | A | T | I | C | N | L | L | N | B | N |
| I | D | D | D | A | Z | A | I | A | A | O | O | T |
| O | O | O | A | R | A | S | C | S | Y | S | T | E |
| S | R | B | A | R | R | I | O | E | A | V | E | S |

casi, británico, gente, las, playa, bote, elegantes, mala, misterios, esta, entrada, antes, barrio, tratar, aves, raro, medioambiente, tarta, dos, mirando, ratón, sala, ningunos, inteligente, comedor, aterrizar, total, notar, saco, dar, mirando, clase, mar, sal, son, mes, esa

## **Z** (c) Palabras escondidas.

*Ejemplo:* Fue a ese **bar a to**mar una copa **porque no es caro**.

1 En Roma los chicos **no son buenos**.
2 El bar de esta calle **no está vacío**.
3 **Dieciocho entre seis**.
4 El mar te sienta bien, **un día de semana**.
5 Visité Roma y Oviedo **en primavera**.
6 Tela **de Madrid** es paño, lana y muy buena.
7 En esta pastelería no hay nada **para tomar con la cerveza**.
8 ¡Estás loco! Media hora más para llegar al **teatro**.
9 **La chica** fue de París a Bélgica.
10 **El chico** tomó una copa; coñac, creo.

## **Z** (d) Contesta a las preguntas.

Un autocar salió de Madrid con quince pasajeros: ocho hombres y siete mujeres. En Salamanca se bajaron dos hombres y dos mujeres y subieron cinco hombres. En Cáceres se bajaron dieciséis pasajeros y no subió nadie.

1 ¿A la frontera con qué país llegó el autocar?
2 ¿Cuántas personas había en el autocar cuando salió de Cáceres?

## **Z** (e) ¿Qué compra?

Enrique tiene 2 euros y 52 céntimos. Tiene que gastar todo en un quiosco y un estanco. El estanco vende sellos a 20 céntimos y el quiosco postales a 33 céntimos.

¿Qué compra?

## **Z** (f) Contesta a las preguntas.

La hermana de Pablo es la mujer de Juan. La madre de Ricardo se llama Mabel. María y Juan no tienen hijos pero tienen un sobrino, Ricardo el hijo de Pablo.

1 ¿Quién es el tío de Ricardo?
2 ¿Quién es la hermana de Pablo?
3 ¿Quién es la cuñada de Juan?

# Z (g) Casi-definiciones

Escoge la palabra o la frase que explica lo escrito a la izquierda.

1   Este libro          está allí, está lejos, está aquí.
2   Estas casas         están allí, está aquí, están aquí.
3   Nunca salgo         estoy en casa, estoy en la calle, estoy en el parque.
4   Miente              no dice nada, no dice la verdad, nunca dice nada.
5   Quiero              no me gusta, deseo, no me interesa, odio.
6   La cuenta           números, palabras, frases, párrafos.
7   Setenta             más de ochenta, menos de sesenta, menos de ochenta.
8   Vuelven a pie       llegan en coche, llegan andando, llegan en avión.
9   Monedas             comida, dinero, cambio, pobreza.
10  Una choza           casa pequeña, un bosque, un teatro.
11  No tienen que …     es necesario, no es necesario, no tienen dinero.
12  Van a viajar        mañana, tarde, de pronto, ayer.
13  Sudamericana        paraguayo, panameña, venezolana.
14  Ayuda               va al parque, pone la mesa, vuelven tarde.
15  Una dieta           poco comer, poco hablar, poco leer.

## Capítulo 1  Mi familia, mis amigos y yo

### APRENDE 1

#### ¿Cómo te llamas?

**Me llamo Carlos Fuentes Arsenal.**

**Mi padre se llama Domingo Fuentes Salinas.**

**Mi madre se llama Clara Arsenal Ruiz.**

Spaniards usually respond with **Me llamo** when asked for their name.

They have two surnames (**apellidos**) and they use them in all official documentation and exchanges. The first surname used is their father's, and the second is their mother's maiden name.

Women do not change their surnames on marriage, and therefore will always have the same name on their passports etc. but are often referred to as **la Sra. de** [married name].

When you ask who is on the phone (Who is it?), the reply will be **Soy Manuel**, I am Manuel, and not a literal translation of 'It's Manuel'.

### APRENDE 2

#### ¿Cómo se llama?

1 The verb **vivir** is a regular **-ir** verb (**refer to Aprende 21**).

When asked **¿Dónde vives?**, depending on what you think the person asking meant, you may answer:

a **Vivo en Nueva York** (or **Los Estados Unidos**).

b **Vivo en la Calle San Miguel, 17** (NB Number after street).

c **Vivimos cerca del Parque.** (We live near the park.)

2 When asked for your **señas** or **dirección**, you give your address.

3 On official forms **domicilio** refers to your address.

### APRENDE 3

#### Numbers

1 Numbers from 1 to 29 should each be written as one word. The numbers 31 to 39, 41 to 49, 51 to 59, etc. are always spelt as three words (**see Aprende 10**): 38 = **treinta y ocho**

2 Numbers 1, 21, 31, etc. have masculine and feminine forms.

**veintiún chicos** 21 boys

**veintiuna chicas** 21 girls

When a noun is used 'one' is either **un** or **una**, e.g.

**un libro** one book

**una mesa** one table

But when no noun is used, only referred to, the forms are **uno** and **una**:

**¿Cuántos libros hay?**  How many books are there?

**Uno.**                    One.

**¿Cuántas mesas hay?**  How many tables are there?

**Una.**                    One.

### APRENDE 4

**Tener ... años** (refer to Aprende 32 for verb **tener**)

You reply **tengo ... años** to the questions:

**¿Cuántos años tienes?**    How old are you?

Or

**¿Qué edad tienes?**    What is your age?

When filling in forms **'Edad'** means age.

### APRENDE 5

#### A or An    The indefinite article

**Masculino**        **un** tío        **un** herman**o**

**Femenino**        **una** tía        **una** herman**a**

1 **un** (m.) a/an    **una** (f.) a/an, e.g.

**un libro** a book

**una mesa** a table

Almost all nouns in Spanish ending in **o** are masculine:

**un hijo**

Most ending in **a** are feminine:

**una hija**

2 **unos** (m.pl.) some **unas** (f.pl.) some

The word 'some' in Spanish is used in exactly the same way as it is in English:

I saw some great shoes.

**Vi unos zapatos (m.pl.) estupendos.**

but

I buy apples in the supermarket.

**Compro manzanas en el supermercado.**

3 'Some' without the noun must be translated by **unos** or **unas**:
Some (girls) are in the kitchen, others are in the dining room.
**Unas están en la cocina, otras en el comedor.**
(Here, instead of **unos** and **unas**, **algunos** and **algunas** are often used.)

4 **Unos** and **unas** also mean a few:
I spent a few weeks with my grandparents.
**Pasé unas semanas (f.pl.) con mis abuelos.**

5 **Un** and **una** are omitted for professions and nationalities:
She is a Dane. **Es danesa**.
He is a carpenter. **Es carpintero.**

6 **Un** or **una** are often omitted after **llevar** (to wear):
**Lleva jersey blanco.** She is wearing a white jumper.
Also when listing different rooms in a home:
**Mi casa tiene cocina y cuarto de baño.** My house has a kitchen and a bathroom.

7 Sometimes **un** or **una** are omitted after **con**:
**con jersey** with a jumper.

8 **Un** or **una** are omitted after **sin** (without):
He dresses without a tie.
**Viste sin corbata.**

but

He returned without a single euro.
**Volvió sin un euro.**
Therefore:
**sin un libro** without a single book

## Aprende 6

**Saulo tiene una hermana. No tiene hermanos.**
**¿Tienes tíos?**
**Sí, tengo un tío.**
**No, no tengo.**
**Un** or **una** are omitted after **tener** (to have) unless meaning 'one':
He does not have a brother. **No tiene hermano(s).**
but
He has one brother. **Tiene un hermano.**
He has a car. **Tiene coche.**
but
He does not have one car, but two.
**No tiene un coche, tiene dos.**
*Note* that the word for 'one' without a noun is **uno** or **una**.

Do you have sisters? **¿Tienes hermanas?**
I have one. **Tengo una.**
Do you have brothers? **¿Tienes hermanos?**
Yes, I have one. **Sí, tengo uno.**

## Aprende 7

### The definite article

1 **el libro** the book, **la mesa** the table, **los libros** the books, **las mesas** the tables.

2 **el/la** are used for titles:
Mr Salinas **El Sr. Salinas**
Mrs Salinas **La Sra. de Salinas**
Queen Elizabeth II **La Reina Isabel Segunda**

3 **el/la** must be used when saying 'in school', 'in hospital', 'in church', etc.
**en el colegio, en el hospital, en la iglesia,** *etc.*
And also when saying 'to school', 'to hospital', 'to church', etc.
**al colegio, en el hospital, a la iglesia,** *etc.*

4 **el/la** must be used for games or sports:
**el fútbol, la natación, el bingo,** *etc.*

5 **Plural of nouns.**
To form the plural of nouns:
a add **s** to words ending in **e**, **a** or **o**.
b add **es** to words ending in **d, j, l, r**, and **y** (except **jerseys**).
c words ending in **z** change the **z** to **c** and add **es** (**voz** – **voces**; **luz** – **luces**).
d if a word ends in **s** in the singular form add **es**, except for **paraguas** and days of the week (**mes** – **meses**).
e words ending in **í** or **ú** add **es**; if they have no accent just add **s** (**hindúes, rubíes** but **tribus**).

## Aprende 8

### My = *mi/mis*

**mi/mis** (my), **tu/tus, su/sus,**
**nuestro/a(s), vuestro/a(s), su/sus.**

1 Possessive adjectives have plural forms and agree with plural nouns:
**mi libro** my book    **mis libros** my books

2 Similarily, with **tu** (your, sing.)
**su** (**his, her, their**)

| | |
|---|---|
| **tu libro** your book | **tus libros** your books |
| **su libro** his/her/ their book | **sus libros** his/her/ their book |

3 'Our' and 'your' (pl.) have masculine, feminine and plural forms:
*Note* the gender/agreement of the possessive pronoun depends on the article owned and not on the people who own.
**nuestro** our
**nuestro libro** our book
**nuestros libros** our books

but

**nuestra mesa** our table
**nuestras mesas** our tables
Similarly, with **vuestro** (your, pl.):
**Vuestro, vuestros, vuestra, vuestras**.

## Aprende 9

### Greetings

| | |
|---|---|
| **¡Hola!** | **Buenos días.** |
| **Buenas tardes.** | **Buenas noches.** |
| **¿Qué tal (estás)?** | **Muy bien, gracias.** |
| **¿Cómo estás?** | **Bien gracias. ¿Y tú?** |
| | **Regular. (No muy bien.)** |
| | **Mal, muy mal.** |
| **¿Estás bien?** | **Sí, muy bien, gracias.** |
| **Bueno, adiós.** | **Adiós, hasta luego.** |
| **Venga, buenas noches.** | **Buenas noches. Hasta mañana.** |

The more usual greetings are the ones stated in the Aprende. It is common nowadays for people who know each other, or neighbours meeting on the stairs or in the lift, to say **Hasta luego** on departing or finishing off a phone conversation. **Venga** is now used to lead up to saying goodbye in whatever form.

## Aprende 10

### Numbers

**100 euros – cien euros**
**153 euros – ciento cincuenta y tres euros**
The word **doscientos** changes to **doscientas** before feminine nouns:

**doscientos dólares, doscientas chicas**
Similarly with 300–900.

## Aprende 11

### Months and birthdays

| | |
|---|---|
| **¿Cuándo es tu cumpleaños?** | When is your birthday? |
| **Es el veintidós de abril.** | It's on the 22nd of April. |

Or

**Cumplo 13 años el tres de febrero.**
I will be twelve on the 3rd of February.
*Note* months in Spanish are not normally written with a capital letter:
**en enero** in January

## Aprende 12

### Days of the week

The word for 'the day' is **el día** (note that in spite of its **-a** ending, **día** is masculine).

As with months, days have no capital letters:
**el lunes** on Monday
**los lunes** on Mondays

but

Saturday and Sunday have plural forms:
**los sábados y los domingos**
on Saturdays and Sundays

## Aprende 13

### The Spanish alphabet

In proper Castillian pronunciation **v** is pronounced as **b**.
**ce**, **ci** and **z** are pronounced as **th** in 'thought', although in Latin America and Andalusia they are pronounced as **s**.
**h** is always silent. **k** and **w** are only used in borrowed words.
**ch** and **ll** are letters in their own right and in some dictionaries come after all words beginning with **c** and **l** respectively.

## Capítulo 2  Mi colegio y mi casa

### Aprende 14
#### Me gusta/Me gustan

**Me gusta** = I like + singular noun or activity
**Me gusta (el) inglés.** = I like English.
**Me gusta estudiar.** = I like studying (to study).
**No me gusta (la) geografía.** = I don't like Geography.
but
**Me gustan** = I like + plurals or more than one noun
**Me gustan las matemáticas.** = I like Maths.
**Me gustan inglés y francés.** = I like English and French.

1  Although the verb is effectively used as 'I like', **me gusta** means 'it is pleasing to me'. Therefore it is conjugated: it is pleasing to me, to you, to him, to her, to us, to them. This means that you are not saying 'I like chocolate' but 'Chocolate pleases me': **Me gusta el chocolate**.

2  The two forms of the verb used are **gusta** and **gustan**, is pleasing/are pleasing, together with to me/to you, etc.

3  You say **me gusta** if what you like is singular:
**Me gusta el fútbol.**

4  But you must use **me gustan** if what you like is plural or comprises two or more nouns:
**Me gustan los animales.**
**Me gustan el fútbol y el béisbol.**

5  **Gustar** must be followed by an infinitive if a verb is being used and only **me gusta** should be used, even when adding more than one verb.
**Me gusta bailar.** I like to dance.
and
**Me gusta bailar y nadar.** I like dancing and swimming.

6  **Refer to Aprendes 27, 28, and 32** for other verbs like **gustar** and for the full conjugation.

### Aprende 15a and 15b
#### ¿Qué hora es?  More about times

1  You always say **son las** followed by the hour, then the minutes, except:
a  When 'one' is the hour (use **es** followed by **la una** + minutes)
**Es la una y cuarto.** 1.15
**Son las ocho menos cinco.** 7.55

b  It is midday. **Es mediodía.**
It is midnight. **Es medianoche.**

2  After the hour, i.e. **son las siete, es la una**, you use **y** from five minutes past to half past the hour and, **menos** from twenty-five minutes to the hour to five minutes to the hour. In parts of Latin America and in the USA they say **son cinco para las ocho** (five to eight) instead of **son las ocho menos cinco**.

3  *Note* **en punto** ('exactly' or 'on the dot') and **casi** ('almost'):
**Son las cinco en punto.**  It is exactly five o'clock.
**Son casi las dos.**  It is almost two o'clock.

### Aprende 16
#### 'Of the'

**de + la/las/los = de la, de los, de las**
but
**de + el = del**
You cannot say **de + el**, you must say **del**.
the boy's book          **el libro del chico**
the girl's book          **el libro de la chica**
the colour of the books  **el color de los libros**
the colour of the walls  **el color de las paredes**

1  For expressions of time which include 'in the morning', 'in the afternoon' and 'at night' use **de la mañana**, **de la tarde** and **de la noche**.
**Son las cinco de la tarde.** It's five o'clock in the afternoon.

2  There is no equivalent to 'in the evening'. In Spain they say **de la tarde** until nightfall, although by nine o'clock even if it's not dark they will use **de la noche**.

3  At one o'clock **a la una**
at two o'clock **a las dos**
at midday **a mediodía** (or **al mediodía**)
at midnight **a medianoche**

### Aprende 17
#### Estar

There is another verb for 'to be' (**ser**); **refer to Aprende 49**

1  You only use the verb **estar** when you are saying:
(i) where someone/something is, i.e. stating *location*.
**Está en Bogotá.**    He is in Bogota.

(ii) what something/someone is if it is a state that is likely to change, i.e. *temporary.*
**Está muy contento.**   He is very happy.
**Estoy aburrido.**   He is bored.

*Note* You may not use **estar** for a state that is permanent (e.g. he is a pilot, he is rich, I am his brother) *unless* you are stating location, e.g. Nelson's Column is in Trafalgar Square.

It is essential to first check if you are stating location so as to use **estar**.

If it is not a location, you then decide whether the state is temporary, in which case you will use **estar**. If it is not temporary, then you will need to use **ser**, which is for permanent states (unlikely to change).

2   Adjectives can be preceded by **ser** or **estar** and mean different things.
**(ser) Es delgada.**
She is thin, i.e. she is a thin person.
**(estar) Está delgada.**
She is thin (now), because she has lost weight through dieting, being ill, or not eating.

## Aprende 18

### Ordinal numbers

Ordinal numbers are nouns or adjectives that have singular masculine and feminine forms which can be used in the plural, although less often.
**el segundo chico/la segunda chica**
The second boy/girl
**Los octavos están aquí**
All those who came eighth are here
(in different races, or exams).
*Note* The masculine adjective meaning 'first' and 'third' is **primer** and **tercer**. But when you are saying 'the first/third one', you use **el primero** and **el tercero**.
**Saulo es el** primer**o de la clase.**   Saulo is first in the class (top student).
**Saulo es el** primer **chico de la cola.**
Saulo is the first boy in the queue.

## Aprende 19

### There is/There are

**Hay** means 'there is' or 'there are' (*Note* 'they are'):
**Hay un chico. Hay dos chicos.**
There is a boy. There are two boys.

**Aprende 68** teaches the more common past tense form, 'there was' and 'there were': **había**.
The future form is **habrá**, 'there will be'.

# Capítulo 3 Pueblos y ciudades

## Aprende 20

### Present indicative

1   Most verbs in the language are **-ar** verbs.
2   It is useful to know that with all regular verbs in *the present tense*, be they **-ar**, **-er** or **-ir**, the verb must end in:

| I | **(yo)** | **o** |
|---|---|---|
| you | **(tú)** | **s (as, es, es)** |
| he/she | **(él/ella)** | **a** or **e** |
| we | **(nosotros/as)** | **mos (amos, emos, imos)** |
| you | **(vosotros/as)** | **is (áis, éis, is)** |
| they | **(ellos/as)** | **n (an, en, en)** |

In *the present tense* the **-ar**, **-er** or **-ir** must be removed. It is important to learn these rules, as it will make learning all the tenses much easier.

3   Most irregular verbs vary little in their endings from the rules given above. **(Refer to Aprende 31.)**

## Aprende 21

### The present indicative

1   The endings for **-er** and **-ir** verbs are identical except for the **nosotros** and **vosotros** forms (**-emos/-imos**, **-éis/-ís**).
2   They follow the rules for endings given in **Aprende 20**: in *the present tense* the **-ar**, **-er** or **-ir** must be removed.

## Aprende 22
### Ir a    ¿Adónde vas?

1  To say where you are going or what you are going to do, the verb **ir** must be followed by the word **a** (to). Therefore if you want to say 'I am going to the ...' you must remember to use **al** (not **a el**)/ **a la** and **a los/a las**. These rules are identical to those for **de** (of the). **Refer to Aprende 16**.

2  Expressions like **ir de compras** (to go shopping) and **ir de vacaciones** (to go on holiday) do not need **a**: **En diciembre voy de vacaciones.**
   I go on holiday in December.

## Aprende 23
### *Ir* (to go)    irregular – present

1  After **voy** the verb is like a regular **-ar** verb but **vais** (**vosotros**) has no accent.

2  **Vamos** means 'we go' and also 'let's go'.

Refer to:
**Aprende 24** for **ir** and means of transport,
**Aprende 25** for **irse**, 'to go (away)', 'to leave'.
**Aprende 45** for **ir de ... a...**, 'to go from ... to ...'.
**Aprende 46** for **ir + infinitive**, the immediate future (I am going to buy, eat, etc.).

## Aprende 24
### ¿Cómo vas?

**Voy en taxi/a pie**

Apart from **a pie** it is normal to use **en** for all other forms of transport although it is not incorrect to use **por tren, por avión, por autobús, por barco, por metro,** etc.

In Spain, **un turismo** is a private car.

**Carro** and **máquina** are the terms for 'car' in South America and Cuba respectively.

## Aprende 25
### Irse – to go

*Note* **Me voy a casa.**    I'm off home.
**Irse** is a reflexive verb. **Refer to Aprende 37**.

## Aprende 26
**¿Por qué?** Why?
**porque ...** because

A simple structure where the two words and the accent in **qué** indicate the question 'Why?'. As one word, because meaning is 'because'.

Why not?    **¿Por qué no?**
For other interrogatives **refer to Aprende 35**

## Aprende 27
### Gustar
**Refer to Aprende 14, 28, 32 and 60.**
**Interesar, encantar, molestar and doler** can also be used as impersonal verbs like **gustar**.
**No me interesa el fútbol.**
**Me encantan los libros de ciencia-ficción.**
**Me molestan los mosquitos.**
**Me duele la pierna.**
They are all followed by the infinitive when another verb is used, as shown in **Aprende 28**.

## Aprende 28
### me gusta/me interesa/me encanta + infinitivo

Whilst we have to use **me** gusta**n**, me encanta**n** when followed by two nouns/plurals, this is not the case if follwed by two infinitives.
**Me** encanta**n la natación y el rugby** but **me** gust**a nadar y jugar.**

## Aprende 29
### ¿Que haces en tus ratos libres?

**Jugar** + a game must be followed by **al/a la/ a los/a las**.
**Juego** <u>al</u> **golf.**
Just the article follows **practicar**, which also means 'I play' or 'I do'.
**Practico** <u>el</u> **golf.**
Remember that playing a musical instrument uses **tocar** and not **jugar**.
**Toco la trompeta.**
**Tocar** also means 'to touch'.
**Nunca toco las cosas de mi hermana.**
I never touch my sister's things.

## Aprende 30
### Gustar – to like

**(a mí) me gusta(n), (a ti) te gusta(n),** etc.
The **a mí** and **a ti** are used only to emphasise the person referred to.
<u>**A mí**</u> **me gustan las patatas fritas, pero** <u>**a él**</u> **no le gustan.**
<u>**I**</u> like chips but <u>**he**</u> doesn't.
This is also the case with the impersonal verbs **referred to in Aprende 27: interesar, encantar, doler.**

## Capítulo 4  De día en día

### Aprende 31
### First person irregular present tenses
*Note* only 1<sup>st</sup> person is irregular. For **tener**, which is a radical-changing verb, **refer to Aprende 32**.
Sab**er**  (yo) **sé**  I know

1  Saber is used to mean to know how to do something, or to know where something/someone is.

2  It is not used when you want to express knowing someone or knowing a place, when **conocer** is used.
**Sé nadar.** I know how to swim.
**No sé dónde está.** I don't know where it is.
**¿Conoces al camarero?** Do you know the waiter?
**Conocemos todos los museos.** We know all the museums.

### Aprende 32
### *Tener*: irregular and radical-changing verb
1  **Tener** means 'to have', 'to own/to possess'.

2  **Tener** is used in some expressions where English uses 'to be'.
**tener … años** to be … years old
**tener frío/calor** to be cold/hot
**tener hambre/sed** to be hungry/thirsty
**tener sueño/miedo** to be sleepy/frightened

3  **Tener** is irregular in the present tense only in the first person.
**Tengo** I have
It then follows the pattern of (**ie**) radical-changing verbs. **(Refer to Aprende 36.)**

### Aprende 33
### Meal Times
1  Noun:

| | |
|---|---|
| **el desayuno** | breakfast |
| **la comida/el almuerzo** | midday meal/lunch |
| **la merienda** | tea |
| **la cena** | supper/evening meal |
| Verb: | |
| **desayunar** | to have breakfast |
| **comer/almorzar** | to have lunch |
| **merendar** | to have tea |
| **cenar** | to have supper |

2  *Remember* you can also say: **tomar el desayuno, el almuerzo, la merienda**.

3  **el almuerzo** is late breakfast in parts of South America and in Galicia, Spain.

4  **la merienda** is not equivalent to English four o'clock tea and biscuits, rather a **bocadillo** and possibly **churros with chocolate** at seven to stem the hunger till a late dinner at about ten.

5  **poner la mesa** is to lay the table and **quitar la mesa** is to clear the table.

### Aprende 34
### mi, tu, su
**Refer to Aprende 8.**

**Su** becomes plural, **sus**, only if what is owned is plural; not if the owners are plural (their) and what is owned is singular.

**El coche de las hermanas** is **su coche** (their car). Therefore **su coche** may mean **his/her/their** car.
**Nuestro/a, vuestro/a** have plural forms: **nuestros coches** (our cars), **vuestras casas** (your houses).

### Aprende 35
### Interrogatives
**¿Qué?** What?(/Which?)
**¿Quién?** Who? **¿Quiénes?** Who?(pl)
**¿Dónde?** Where? **¿Adónde?** Where to?
**¿Cuándo?** When?
**¿Cuántos? ¿Cuántas?** How many?
**Refer to Aprende 26** for use of **¿por qué?**, Why?
**¿Cuál? ¿Cuáles?** also mean 'Which?' and are used like **¿Quién?** and **¿Quiénes?**
**¿Cuánto?** means **How much?**.
**¿Cómo?** means **How?**.

Remember the use of question marks and accents. When the above are used in a sentence which is not a question they have no accent, unless the sentence implies a query.

**La casa donde vive Pepe está cerca.** The house where Pepe lives is nearby
**No sé dónde está el libro.** I don't know where the book is.
When 'who' is used in a sentence not implying a question **que** (that) is used.
**El hombre que está en el bar …** The man who (that) is in the bar …

# Aprende 36

## Radical-changing verbs

pensar preferir comenzar querer mentir **(ie)**.
contar encontrar volver morir dormir jugar soler **(ue)**.

The radicals **ie** and **ue** are needed only in the present tense for 'I', 'you' (sing), 'he/she' and 'they', but *not* for 'we' and 'you' (pl).

| | |
|---|---|
| **soler (ue) + infinitive** = to usually do something | |
| **s<u>ue</u>lo com<u>er</u> a la una** | I *usually* eat at one |
| **pensar que** | to think that |
| **pienso que es** | I think (that) he is |
| **inteligente** | intelligent |
| **pensar + infinitive** | to think of doing something |
| **pienso ir** | I am thinking of going |
| **pensar en** | to think about |
| **pienso en mi familia** | I think about my family |
| **volver a + infinitive** | to do something again |
| **sale y vuelve a entrar** | he goes out and comes in again |

# Aprende 37

## Reflexive verbs

1 Reflexive verbs are generally regular **ar**, **er**, **ir**, verbs although they may be radical-changing.
**despertarse – me despierto**

2 They must not be confused with impersonal verbs like **gustar**, **interesar** and **doler**.

3 The pronouns **me**, **te**, **se**, **nos**, **os**, and **se** always go *before* the conjugated part of the verb.
**No me levanto tarde.** I don't wake up late.
*but* if the infinitive is used they *may* be attached to the end of the infinitive.
**Voy a** levantar**me**. I am going to get up.
or
**Me voy a levantar.** I am going to get up.
This is also true when using the *present continuous*. **Refer to Aprende 47.**
**¿Estás** lavándo**te**? Are you washing (yourself)?

4 With verbs like **lavarse** you do not use '*my* hands', '*his* feet' after the reflexive is used.
**Me lavo las manos.** I wash *my* hands.

5 'To brush one's teeth' is **lavarse** or **limpiarse los dientes**.
*Remember*, ac**o**starse (**o → ue**),
v**e**stirse (**e → i**): me v**i**sto, te v**i**stes, se v**i**ste, nos v**e**stmos, os v**e**stís, se v**i**sten.

---

## Capítulo 5 Turismo

---

# Aprende 38

## Prepositions

**delante (de)** in front of;   **detrás (de)** behind;
**encima (de)** on top of;   **debajo (de)** under(neath);
**al lado (de)** next to/beside;   **dentro (de)** inside;
**fuera (de)** outside;   **cerca (de)** near/close to;
**lejos (de)** far (from);   **alrededor** de around;
**en medio (de)** in the middle of;
**entre ... y ...** between ... and ...;
**en** in, on; **sobre** on, on top of, above;
**a la izquierda (de)** to the left of;
**a la derecha (de)** to the right of.

The **de** if followed by a masculine singular noun will need to be **del** as explained in **Aprende 16**.

The **de** does not need to be used when the adverb is the last or only word in the sentence, or not followed by a noun.

| | |
|---|---|
| **Está fuera <u>de</u> la casa.** | He's outside the house. |
| **Está fuera.** | He's outside. |

# Aprende 39

**antes (de)** before    **después (de)** after

The **de** if followed by a masculine singular noun will need to be **del** as explained in **Aprende 16**.

**El vuelo de Madrid sale después <u>del</u> vuelo de Málaga.**

The **de** does not need to be used when the adverb is the last or only word in the sentence, or not followed by a noun.

**Come después de las ocho.**   He eats after eight.

but

**Come después.**   He eats afterwards (later).

**Refer to Aprende 62** to see how to use **antes** and **después** with the infinitive (before going, after eating, etc.).

## Aprende 40

### Giving directions

**Toma/e** *(fam/pol)* **la primera calle a la izquierda.**
**Toma/e la segunda a la derecha.**
**Sigue/siga todo recto.**

To see more on polite and familiar instructions, **refer to Aprendes 44 and 55.**

## Aprende 41

### Las estaciones

**la primavera; el verano; el otoño; el invierno**
Remember: **en primavera/verano/otoño/invierno** when you are talking about the seasons generally, but when you mean this last or coming season you may also use **en la primavera**, **en el verano**, etc.

| Last | This | Next |
|---|---|---|
| **La primavera pasada** | **esta primavera** | **la próxima primavera** |
| **El verano pasado** | **este verano** | **el próximo verano** |

## Aprende 42

### What's the weather like?

1  **Está lloviendo** it is raining
   **llueve** it rains/it is raining
   **Está nevando** it is snowing
   **nieva** it snows/it is snowing

2  The word **tiempo** also means 'period of time' and **el clima** is the climate.

## Aprende 43

| The north, etc., | **el norte, el este, el sur, el oeste** |
|---|---|
| In the north | **en el norte** |
| (To the) north of | **al norte de** |
| north-east | **el nordeste** |
| north-west | **el noroeste** |
| south-east | **el sudeste** |
| south-west | **el sudoeste** |
| northwards, etc. | **en dirección norte/este/ sur/oeste** |

## Aprende 44

### Positive Imperatives

*Regular verbs:* '**-ar**'
Use the third person ending in **a** for the familiar singular imperative and add a **d** for the familiar plural imperative.

| **comprar** | **compra** | **comprad** |
|---|---|---|

*Regular verbs:* '**-er**' and '**-ir**'
Use the third person ending in **e** for the familiar singular imperative and add a **d** for the familiar plural imperative.

| **comer** | **come** | **comed** |
|---|---|---|
| **decidir** | **decide** | **decidid** |

*Radical changing verbs*
Follow the same rules as for regular verbs but change the radical only in the singular imperative.

| **cerrar** | **cierra** | **cerrad** |
|---|---|---|
| **volver** | **vuelve** | **volved** |

*Irregulars*

| **venir** → **ven** → **venid** | **poner** → **pon** → **poned** |
|---|---|
| **hacer** → **haz** → **haced** | **ir** → **ve** → **id** |
| **tener** → **ten** → **tened** | **salir** → **sal** → **salid** |

**Refer to Aprende 87** for *negative imperatives*. For formal/polite imperatives with regular and radical-changing verbs, follow the rules above but change the singular ending **a** to **e**, and **e** to **a**, and add an **n** for the polite plural imperative.

| **hablar** → **hable** → **hablen** | **comer** → **coma** → **coman** |
|---|---|
| **decidir** → **decida** → **decidan** | **cierre** → **cierre** → **cierren** |

**Check with Aprende 87 for *irregular verbs*.**

## Aprende 45

### Ir de (a) a (b)

**Voy del parque al banco.**
I go from the park to the bank.

**Refer to Aprendes 16 and 22** for the rules on using **de** and **a** followed by nouns.

You can also use **Voy del parque hasta la estación** and avoid the **a** rules, but there is a slight change in the meaning of **hasta** which here means '**up to** the station'.

## Aprende 46

### Immediate future        *Ir* + infinitive

An easy first introduction to expressing future ideas.

**Voy a comer**           I am going to eat
**¿Vas a salir mañana?**  Are you going out tomorrow?

You can use the present tense of **ir** with a future adverb or an infinitive to express the immediate future.

**Mañana voy al cine.**      I am going to the cinema tomorrow.
**Mañana voy a ir al cine.**  I am going to go to the cinema tomorrow.

# Capítulo 6  La gente que conozco

## Aprende 47
### Present continuous

1 To say 'I am jumping' etc., use the verb **estar**. Delete the **ar** from the verb and substitute **ando**:
I am buying   **estoy comprando**

2 The **estar** parts have the correct endings but the **ando** (-ing) endings remain the same for all persons.

3 The rules for **er** and **ir** verbs are very simple:
a You remove the **er** or **ir** and substitute **iendo**.
b You use **estar** as with **ar** verbs:
I am eating   **estoy comiendo**
*Remember:* leer → le**y**endo; ir → **y**endo; dormir → d**u**rmiendo; mentir → m**i**ntiendo; reir → r**i**endo.

4 To say 'on arriving' or 'on leaving' etc., use **al + infintive**:
**al llegar** on arriving   **al salir** on leaving

## Aprende 48
### Adjectives

1 Adjectives agree with the noun they describe – masculine/feminine and singular/plural.

2 They follow the noun in most cases:
**un libro rojo**     **libros rojos**
**una casa roja**     **casas rojas**

3 Adjectives ending in **o** change to **a** when using a feminine noun.
Adjectives ending in **a** do not change in the singular or in the plural:
**rosa** pink     **naranja** orange

4 Adjectives describing nationalities change from **o** to **a** or have an **a** added (**francés/francesa**) in the feminine form, unless they end in **e** (**canadiense/canadiense**, f.)

5 Once you have the correct masculine or feminine forms, you form the plurals as you do for nouns:
**verde/verdes   azul/azules**.
**Refer to Aprendes 51, 53 and 54.**

## Aprende 49
### *Estar* = to be    *Ser* = to be

1 The grammatical rule for using the verb 'to be' (i.e. 'I am', 'you are', etc.), may seem to be the most difficult in the language but it is in fact quite easy to master if you follow the simple steps described below (already introduced in **Aprende 17**).
a If you wish to say where someone or something is, use **estar**.
b If not, then decide whether the condition you are talking about is likely or expected to change. If it is, use **estar**.
c If it is not likely or expected to change, use **ser**.

2 It is important that you always check for location first:
Machu Picchu is in Peru.
This is not going to change, and you would therefore be tempted to use **ser**. But you would be wrong, because if you had checked for location you would have decided correctly to use **estar**:
**Machu Picchu está en Perú.**

3 Let us take another example:
My sister is bored.
Check:
a Location? – No.
b Likely to change? – Yes, since you do not expect to be bored for ever.
Therefore, use **estar**:
**Mi hermana está aburrida.**

4 Some adjectives may be preceded by either **ser** or **estar** depending on what you mean:
**Tu hermana está muy seria.**
Your sister is very serious (i.e. today or now, but this is expected to change).
but
**Tu hermana es muy seria.**
Your sister is very serious (i.e. a very serious person: not expected to change).

5 You almost always use **ser** with numbers, times and dates:
**Somos ocho en casa.**   There are eight of us at home.
**Son las ocho menos cinco.**   It is five to eight.
**Es lunes.**   It is Monday.
*But remember:*
**hay**   there is, there are

## Aprende 50

### *y* and *e*; *o* and *u*

**y (e)** = and
When **i** or **hi** follows **y** it changes to **e**:
**Isabel y Carlos pero Carlos e Isabel.**

**o (u)** = or
When **o** or **ho** follows **o** it changes to **u**:
**seis o siete pero siete u ocho.**

## Aprende 51

### Los colores

Adjectives follow the noun and agree in gender and plurality. **Refer to Aprende 48.**

| | |
|---|---|
| **el libro rojo** | **la casa roja** |
| **los libros rojos** | **las casas rojas** |

However

| | |
|---|---|
| **Pinto la casa de rojo.** | I paint the house red. |
| **Prefiero el rojo.** | I prefer red. |

## Aprende 52

**muy** = very; **bastante** = quite, fairly, enough
They remain the same whether the adjective is masculine or feminine, singular or plural.

**Mis tres hermanos son bastante altos; mi hermana es bastante gorda, pero mis hermanos son muy delgados.**

**Como bastante.** I eat enough.
Remember: **muy** is 'very' and **mucho** is 'a lot'.

## Aprende 53

Most of the adjectives here are pairs of opposites used with the verb **ser**, but can sometimes be used with **estar** if describing a passing state.

| | |
|---|---|
| **Es un hombre fuerte.** | He is a strong man. |
| **El niño está más fuerte ahora.** | The boy is stronger now. |

Think of the difference in telling someone **estás guapo/a** and **eres guapo/a**.

## Aprende 54

This **Aprende** deals with countries, capitals, languages and nationalities.

Countries are straightforward except for Canadá and Perú, where you say **voy al Canada** and **al Perú**.

Languages are masculine: **el francés**, **el italiano**, etc.

The word for language is **el idioma** or **la lengua** (less common)

*Note* that for nationalities ending in a consonant you may add an **a** for the feminine form, which is not the rule for common adjectives.

**español/española.**
**inglés/inglesa – inglesas/es**

Follow the advice in the main book **Aprende** on accents not being needed when the nationality is feminine and/or plural.

**Belga** is masculine and feminine.

Nationalities ending in **ense** do not have a feminine form: **canadiense, nicaragüense.**

## Capítulo 7  Comidas y compras

## Aprende 55

### Negatives

### *no, nada, nadie, nunca, ni ... ni*

1  **Nadie** and **Nunca** may be placed either
   a  before the verb, or
   b  after the verb, with **no** before the verb.
   **Nadie va/No va nadie.** No one goes.
   **Nunca va/No va nunca.** He never goes.

2  You may only use **nada** with **no** before the verb.
   **No tengo nada.** I have nothing.

3  **No me gusta ni el café ni el té.**
   I don't like tea or coffee.
   **Tampoco bebo café.**
   Nor do I drink coffee (I don't drink coffee either).
   **No bebo ni café ni té tampoco** is also acceptable.

## Aprende 56

**más de, menos de**
**más que, menos que**
**más ... que, menos ... que**

1   **más de** and **más que** both mean 'more than' but
    **más de** is used with numbers.
    **Come <u>más que</u> su padre.**
    He eats more than his father.
    **Cuesta <u>más de</u> mil euros.**
    It costs more than 1,000 euros.

2   You may use an adjective between **más** and **que**.
    **Es <u>más</u> alto <u>que</u> su padre.**
    He is taller than his father (literally, 'more tall than').

3   Rules 1 and 2 above also apply to **menos de** and
    **menos que**.
    **Come menos que su padre.**
    He eats less than his father.
    **Cuesta menos de mil euros.**
    It costs less than 1,000 euros.
    **Es menos alto que su padre.**
    He is not as tall as his father (literally, less tall than).

## Aprende 57

### La ropa – clothes

**Llevar** = to wear, to have on

**V<u>e</u>stirse** = to get dressed

**Lleva corbata hoy.**   He has a tie on today.

**Su padre v<u>i</u>ste bien, pero nosotros v<u>e</u>stimos mejor.**
Her/his/their father dresses well but we dress better.

**desv<u>e</u>stirse**   to get undressed

**Me desv<u>i</u>sto en mi habitación.**  I undress in my room.

**quitar<u>se</u> (la) ropa**   to take off clothes

**Me quito la chaqueta en casa.**
I take off my jacket at home.

**cambiarse (de ropa)**   to change (clothes)
**Se cambia dos veces al día.**  He changes twice a day.
*Note* **Llevar** also means 'to carry' or 'to take'.

## Aprende 58

### Use of *usted*

**Usted (Vd.)** is a polite 'you' and is conjugated with a
3$^{rd}$ person (he, she) ending.

**Ustedes (Vds.)** is a polite 'you' (pl) conjugated with a
3$^{rd}$ person plural (they) ending.

You use:

| | |
|---|---|
| **(tú) hablas** | to your friend. |
| **Vd. habla** | to someone with whom you would not use the familiar (tú) form. |
| **(vosotros) habláis** | to your friends. |
| **Vds. hablan** | to more than one person, with whom you would use the not familiar form. |

**¿Tiene Vd. los vaqueros en negro?**
Do you have the (same) jeans (but) in black?

**Sí, ¿Quiere Vd. el 38 o el 40?**
Yes, would you like size 38 or 40?

## Aprende 59

### Buying quantities and sizes

<u>**medio kilo/un kilo/tres kilos y medio**</u>
**de patatas/de cebollas**

<u>**medio litro/un litro/veinte litros**</u>
**de leche/gasolina sin plomo**

<u>**una docena de** huevos</u> (a dozen)

<u>**una talla** grande/mediana/pequeña</u> (size of
clothes)

<u>**un tamaño** más grande/mediano/más pequeño</u>
(size, usually of shoes)

**para mí**   for me

**para ti**   for you

## Capítulo 8  La salud

### Aprende 60

#### El cuerpo de Pepe
*You never use 'my' for parts of the body.*

| | |
|---|---|
| **Tengo <u>los</u> pies helados.** | My feet are frozen. |
| **Me duelen <u>los</u> pies.** | My feet hurt. |

*Note* **<u>la</u> man<u>o</u>** is feminine.

| | |
|---|---|
| **Tengo las manos heladas.** | My hands are frozen. |
| **la mano derecha/izquierda** | the right/left hand |

but

| | |
|---|---|
| **<u>a</u> mano derecha/izquierda** | on the right/left |

#### Doler and tener dolor
You may use **me duele** plus any part(s) of the body but *not* **tener dolor,** which should only be used as follows:

**Tengo dolor de ... cabeza/espalda/garganta/ estómago/muelas.**

### Aprende 61

#### *poder* + infinitive = to be able to do something
**Poder** is a radical changing **(ue)** verb.

| | |
|---|---|
| **No puedo nadar** | means 'I *can't* swim' because I am ill or punished etc. |
| **No sé nadar** | means 'I *don't know how*' to swim'. |
| **No se puede ...** | means 'one/you can't ...' |
| **No se puede fumar.** | It is forbidden to smoke. |

### Aprende 62

#### *antes de/después de* + infinitivo
**Refer to Aprende 39** for use of **antes** and **después** with time etc.

| | |
|---|---|
| after eating | **después de comer** |
| before eating | **antes de comer** |

With reflexives, the pronoun is attached to the end of the infinitive.

**Antes de vestir<u>me</u> siempre me ducho.**
Before I get dressed I always shower.

### Aprende 63

**este/esta (m/f)** this
**ese/esa (m/f)** that
**estos/estas (m/f)** these
**esos/esas (m/f)** those

1  **este/estos, ese/esos** are the masculine forms, singular and plural, of 'this/those'.
   **esta/estas, esa/esas** are the feminine forms, singular and plural, of 'this/those'.

2  **esto/eso** are the neuter forms used when you are referring to 'this/that' without specifying or knowing what it is or what they are.
   **¿Qué es esto?** What is this?

3  | | |
   |---|---|
   | this one | **éste/ ésta** |
   | that one | **ése/ésa** |
   | these ones | **éstos/éstas** |
   | those ones | **ésos/ésas** |

   Referring to masculine nouns **(el coche/los coches)**:
   **Estoy seguro que éste es verde y ésos son azules.**
   I am sure that this one is green and those are blue.

   Referring to feminine nouns **(la casa/las casas)**:
   **Sé que éstas son baratas y ésas son caras.**
   I know that these ones are cheap and those are expensive.

# Capítulo 9  Diversiones y deportes

## Aprende 64

### The preterite or simple past

**Verbos regulares**

1 The preterite is one of the past tenses – the simple past, the one most commonly used.

2 It is used to describe a finished or completed action: he *painted* the room rather than he *was painting* the room, which would be the *imperfect tense.* **Refer to Aprende 68 and 74** for verbs usually translated in the imperfect tense.

3 A good guide, although there are exceptions, is to use the preterite when in English there would be only one verbal word in the action:

| | |
|---|---|
| *preterite* | he washed; they finished; I did; |
| not preterite | he was washing; he used to wash; |
| | I have washed; I had washed |

4 Note that 'He washed every morning' when it means 'He used to wash every morning' will not be translated with a preterite. It is a repeated action rather than a finished one.

5 Remember to take off the **ar** and **er/ir** before adding the endings.

Don't forget the spelling and pronunciation rules that cause the following exceptions, not in the ending but in the stem of the verb:

**ju<u>g</u>ar – ju<u>g</u>ué; pa<u>g</u>ar – pa<u>g</u>ué; lle<u>g</u>ar – lle<u>g</u>ué**

**sa<u>c</u>ar – sa<u>q</u>ué; mar<u>c</u>ar – mar<u>q</u>ué; se<u>c</u>ar – se<u>q</u>ué**

**empe<u>z</u>ar – empe<u>c</u>é; comen<u>z</u>ar – comen<u>c</u>é;**

**re<u>z</u>ar – re<u>c</u>é**

## Aprende 65

### Useful expressions

**ayer, ayer por la tarde, anoche, anteayer, la semana pasada, el mes pasado, el año pasado, el lunes (pasado), hace dos días, hace cinco minutos, hace un mes.**

**Esta mañana/tarde/noche, hoy, el lunes/los lunes** may be used with present, past or future tenses.

**Hace** + time is how you say 'ago'.

**hace diez días** ten days ago

## Aprende 66

### Irregular verbs

1 Although there are patterns to help one learn the endings it is best to learn them thoroughly, especially the very common ones.

2 The verb **ir** in the preterite is the same as the verb **ser**, although **ser** is more often than not used in the imperfect tense. **Refer to Aprende 74.**

3 The **a** after the part of **ir** in the preterite **(fui a)** will tell you it means 'I went' and not 'I was'.

| | |
|---|---|
| **Fui <u>al</u> carpintero.** | I went to the carpenter's. |
| **Fui carpintero.** | I was (once) a carpenter. |

4 **Hacer** (to do/make) in the preterite is used for 'I did it/nothing', 'I did my homework', 'I made my bed' or 'I made something'.

| | |
|---|---|
| **No hice nada.** | I did nothing. |
| **Nice mis deberes.** | I did my homework. |
| **Hice la cama.** | I made my bed. |
| **Hice un castillo de arena.** | I made a sandcastle. |

## Aprende 67

### The preterite – reflexive verbs

Reflexive verbs in the preterite tense follow all the rules of regular verbs, but you must remember to include the reflexive pronoun. **Refer to Aprende 64.** The radical changing verbs **(ie) despertarse** and **(ue) acostarse** are normal in the preterite but the **(i) vestirse** verbs are changed, although *only* in the 3<sup>rd</sup> person singular and plural.

| | Present | Preterite |
|---|---|---|
| **Desp<u>e</u>rtarse** | me desp<u>ie</u>rto | me desperté |
| **Ac<u>o</u>starse** | me ac<u>ue</u>sto | me acosté |
| but | | |
| **V<u>e</u>stirse** | me v<u>i</u>sto | me vestí, te vestiste, se v<u>i</u>stió, nos vestimos, os vestistéis, se v<u>i</u>stieron |

## Aprende 68

### Present tense

**hay** there is/there are

<u>**Hoy hay**</u> **una persona en casa.**

There is one person at home today.

## Imperfect tense

**había** there was/there were

**Ayer había dos personas en casa.**

Yesterday there were two people at home.

There is a preterite form of ' there was/there were', **hubo**, but it is less common as it is used to cover a finished action, like 'There was an an accident': **Hubo un accidente.**

The examples above with **había** show that what 'there was/were' was over a period of time.

The future form is **habrá**, 'there will be'.

**Habrá mucha gente.** There will be many people.

## Numbers

200 doscientos/as; 9000 nueve mil

Learn the irregular ones, **500 quinientos/as**, **700 setecientos/as** and **900 novecientos/as**, as they often appear in exams.

The plural of **mil** exists only when you are saying thousands:

**miles de libros** thousands of books

## Aprende 69

### Sports and games: *jugar a*

**Jugar** + a game must be followed by **al/a la/ a los/a las**: **Juego al golf.**

Only the article follows **practicar**, which also means 'I play' or 'I do': **Practico el golf.**

**Jugar al béisbol; al fútbol; a los dardos; a las cartas; al ajedrez; al golf; al billar; al baloncesto**

**Me gusta jugar al ajedrez.**

**Juego a los dardos los domingos.**

**Estoy en forma.** I am fit.

## Aprende 70

### *Ver* to see, to be able to see

| | | |
|---|---|---|
| 1 | **no veo** | I don't see **or** I can't see |
| 2 | **veo la televisión** | I watch TV |

**verbo + a + persona(s)**

3 When a person is the object of **ver** (or any verb that is not followed by **de** or **con**) then:
**a/al/a la/a los/a las** must be included after the verb before the person.
**¿Vas a ver la tele? No, voy a ver al médico.**
**Primero dibujó un perro y luego a su madre.**
First she drew a dog then her mother.

4 However household pets, as opposed to no animal in particular, are often personalised.
**Vi al perro en el parque.**
I saw *our* dog in the park

## Aprende 71

### Direct object pronouns

| me | te | lo/la | nos | os | los/las |
|---|---|---|---|---|---|
| me | you | him/her/it | us | you (pl) | them |

Direct object pronouns precede the verb but can be added on to an infinitive.

They are not to be confused with the reflexive pronouns: **me**, **te**, **se**, **nos**, **os**, **se**.

**Lo compré ayer.** I bought it yesterday.

**Voy a comprarlos mañana.** I am going to buy them tomorrow.

or

**Los voy a comprar mañana.**

---

## Capítulo 10 Pasándolo bien y el mundo hispánico

## Aprende 72

| **TENER QUE + infinitivo** | **DEBER + infinitivo** |
|---|---|
| to have to | should/ought |
| **Tengo que volver temprano.** | **Debo volver temprano.** |
| I have to come back early. | I should come back early. |

**HAY QUE + infinitivo**
one must/we must
**Hay que volver temprano.**
One has to come back early.

## Aprende 73

### Irregular verbs in the preterite

**decir**
to say

**poner**
to put

**venir**
to come

**Refer to Aprende 66.**

Although there are patterns to help one learn the endings it is best to learn them by heart.

**Dije que sí**  I said yes

**Dijo que no**  He/she said no

# Aprende 74

## Commonly used imperfects

Common 1st and 3rd person singular imperfects regularly used rather than preterites:

| *presente* | *imperfecto* | |
|---|---|---|
| **soy/es** | **era** | (was) |
| **tengo/tiene** | **tenía** | (had) |
| **puedo/puede** | **podía** | (could) |
| **hago/ hace** | **hacía** | (did/made) |
| **sé/sabe** | **sabía** | (knew) |
| **estoy/está** | **estaba** | (was) |
| **quiero/quiere** | **quería** | (loved/wanted) |

You use these forms when in the past tense you want to suggest that they happened over a period of time.
I did (/used to do) many exercises every day.

**Hacía muchos ejercicios todos los días.**

He was tall  **Era alto (ser → permanent)**

He was in Madrid  **Estaba en Madrid (estar → location)**

Therefore the imperfect tense means, for instance, 'I was playing' or 'I used to play'.

The endings are as follows:

Remove the infinitive ending **-ar**, **-er**, **-ir** and add as follows:

| Habl(ar) | Com(er) | Vivir |
|---|---|---|
| habl**aba** | com**ía** | viv**ía** |
| habl**abas** | com**ías** | viv**ías** |
| habl**aba** | com**ía** | viv**ía** |
| habl**ábamos** | com**íamos** | viv**íamos** |
| habl**abais** | com**íais** | viv**íais** |
| habl**aban** | com**ían** | viv**ían** |

The endings for **er** and **ir** verbs are identical.

The *imperfect tense,* e.g. 'I was playing', can also be written with **estar** in the imperfect + a present *participle.*

**Estaba jugando.**     I was playing**.**

**Estabas comiendo.**     You were eating.

**Estar** is conjugated like **hablar**, but it only means, e.g. 'was playing' and not 'used to play'.

'Used to, e.g., play' can be done with **soler** in the imperfect + an infinitive**.**

**Solíamos jugar.**     We used to play.

The imperfect is regular with all verbs except **ir**, **ser** and **ver**.

# Aprende 75

## *Por* and *para*

**por** = by means of, during, by way of, via, by, <u>for the sake of</u>

**para** = in order to, intended for

**Por** and **para** can both mean 'for', but 'for' can be interpreted in different ways.

See above and check with the examples in the **Aprende** to learn how to use them.

**Trabajé por mi madre** can mean 'I worked for my mother' (substituting 'her'), or 'for her sake'.

# Aprende 76

## Jobs and professions

1  You omit the article when you are stating someone's profession or job.
   **Su padre es <u>profesor</u>.**     Her father is *a* teacher.

2  As more women take up professions and jobs traditionally done by men, if these words end in **o** then they are being changed to **a** when describing a woman.
   **el médico – la médica; el ingeniero – la ingeniera.**

3  **el/la futbolista** and **el/la taxista** always end in **a**.

## Capítulo 11  Los medios de comunicación, mi futuro

### Aprende 77

#### The future, regular verbs

All **ar**, **er**, **ir** verbs have the same endings; the infinitive + **é**, **ás**, **á**, **emos**, **éis**, **án**.

#### Futuros irregulares

All irregular verbs also have the same endings: **é**, **ás**, **á**, **emos**, **éis**, **án**.

*Only the stems change in irregular verbs.*

**poner = pondré; venir = vendré; poder = podré; salir = saldré; decir = diré  saber = sabré; hacer = haré    querer = querré    tener = tendré**

Useful expressions to use with the future tense:

**esta mañana/tarde/noche**

**mañana por la mañana/tarde/noche**

**el mes/la semana/el año/el lunes/el verano que viene**

**dentro de un momento/cinco minutos/un rato/unos días tres días**

**el (próximo) año (proximo)/mes (próximo)/ lunes (próximo)**

**la (próxima) semana (próxima)**

**pronto, luego, después, pasado mañana, más tarde, a las seis, a medianoche, cuanto antes**

Refer to **Aprende 78** for other ways of expressing future intentions.

### Aprende 78

#### Future intentions

**pienso + inf**          **espero + inf**
**me gustaría + inf**     **quisiera + inf**
**quiero + inf**          **tengo la intención de + inf**

A simple way of varying an essay in the future tense is to mix the regular future **visitaré** with the immediate future **voy a llegar** and the six expressions above.

### Aprende 79

**creer que**          to believe that
**pensar que**         to think that

Opinions can be expressed in various ways and **pienso que** and **creo que** are two of the most common options.

**Pienso que el colegio no es bastante bueno.**
I don't think the school is good enough.

**Creo que España es más grande que Inglaterra.**
I think Spain is bigger than England.

Other ways of expressing views:
**A mi parecer la familia no tiene dinero.**
In my view the family has no money.

**Me parece que es un problema muy serio.**
It seems to me that it's a very serious problem.

At this stage and certainly not till the later stages of Book 2, maybe not even till A Level, the following phrases should *not* be used in the negative form: **no pienso, no creo, no me parece que**. However they may be expressed as **creo que no, pienso que no** and **me parece que no**.

### Aprende 80

Regular adverbs are formed by adding **-mente** to the feminine form of the adjective.

**verdadero** = true (m); **verdadera** = true (fem); therefore **verdaderamente** = truly.

Where the masculine and feminine adjectives are identical you simply add **-mente**:
**normal** → **normalmente**

### Aprende 81

**es de** belongs to              **son de** belong to
**El libro es de Pepe.**          The book belongs to Pepe.
**Los perros son de Pepe**        The books belong to Pepe.

Remember that **mío/a(s)**, **tuyo/a(s)**, **suyo/suya(s)**, **nuestro/a(s)**, **vuestro/a(s)**, **suyo/a(s)** agree with the gender of the item(s) and not that of the owner.

**El libro es mío.**    The book is mine. (Whether the owner is a boy or a girl.)

When you use **suyo/suya(s),** it could mean 'his', 'hers' or 'theirs'; therefore to avoid confusion where it is likely to arise, you can express it differently:

**El libro es suyo**.    The book is his, hers or theirs.
or
**El libro es de él** (= his)/**de ella** (= hers)
**/de ellos** (= theirs, masc. or mixed)
**/de ellas** (= theirs, fem).

## Aprende 82

**empezar (a) + inf**   to begin/start
**terminar (de) + inf**   to finish

1  When a verb follows **terminar de** or **empezar a**, you must use the infinitive, because **a** and **de** can only be followed by an infinitive when you want to use a verb.
   **Voy a comer**         I am going to eat
   **Vengo de trabajar**   I come from work(ing)

2  **Comenzar a** and **empezar a** both mean 'to begin'/'to start' and are both radical-changing (**ie**) verbs.

3  **Acabar**, like **terminar**, means to finish, *but* **acabar de** means 'to have just' and is followed by an *infinitive*.
   **Acabo todos los días a las seis.**
   I finish at six every day.
   **Acabo de llegar.**
   I have just arrived.
   **Acaban de llamar.**
   They have just called.
   *Note* To say 'have just', we use the present tense of **acabar**, then **de**, then an ***infinitive***.

## Capítulo 12  El medioambiente

## Aprende 83

### *mucho* and *poco*

**Mucho** means 'much' or 'a lot'.
**No me gusta mucho.**    I don't like it much/a lot.

**Poco** means 'little' or 'not very much'.
**Hablo con ellos muy poco.**    I rarely speak to them.

**Mucho/a(s)** and **poco/a(s)** are adjectives and mean 'many/a lot' and 'few/a little'.

**Tengo mucho/poco dinero.**
I have a lot/little money.

**Hay poca/mucha gente.**
There are few/many people.

**Hay muchos hombres en la lista.**
There are many men on the list.

**Hay pocas chicas en la lista.**
There are few girls on the list.

**más** = more   **menos** = less   **muy** = very

You can use these with nouns or adjectives. The words **más** and **menos** do not change.

**Madrid es más grande que Cuenca.**
**En Cuenca hay menos gente.**

**muy** = very

You can use **muy** with adjectives. **Muy** does not change.

**Cuenca es una ciudad muy bonita.**

**Refer to Aprende 56.**

## Aprende 84

### Buen/bueno/buena   Gran/grande

1  The rules for **buen/bueno/buena, mal/malo/mala, and gran/grande** are very important.

2  When either **buen**, **buena**, **mal**, **malo**, or **gran** are used before the noun, this emphasises their meaning and changes it to '*very* good', '*very* bad' and 'great'.
   **una comida buena**   a good meal
   but
   **una buena comida**   a *very good* meal
   **un día malo**        a bad day
   but
   **un mal día**         an *awful* day
   **una fiesta grande**  a big party
   but
   **una gran fiesta**    a *great* party

3  When using 'good' or 'bad' before the noun, **bueno** and **malo** become **buen** and **mal**, but **buena** and **mala** may be used.

4  **Grande** becomes **gran** before the noun.

5  All plural forms may be used before the adjectives but they also become emphasised and therefore their meanings change.
   **hombres grandes**   big (tall) men
   **grandes hombres**   *great* men

## Aprende 85

### Relative pronouns

When you are referring to something, in expressions like the following ones taken from this unit, you need the relative pronoun **que** (even though you don't always need the words 'which' or 'that' in English).

**ciudades en las que ...**    cities in which ...

**Los envases que se pueden reciclar.**
The packages *that* can be recycled.

**Las medicinas que no has usado.**
The medicines (that) you haven't used.

When no noun is used, you need **lo que** to translate 'that' or 'what'.

| | |
|---|---|
| **Describe lo que occurió.** | Describe *what* happened. |
| **Reciclo todo lo que puedo.** | I recycle all *that* I can. |
| **lo que tienes que ver** | *what* you must see |

## Aprende 86

### *¿Cuál?/¿Cuáles? = Which?*

You use **¿cuál?** and **¿cuáles?** like **¿quíen?** and **¿quiénes?**, but preferably only when followed by a verb or **de**.

**¿Cuáles están todavía en Londres?**
Which are still in London?

**¿Qué chicos están todavía en Londres?**
Which boys are still in London?

**¿Cuáles de los chicos están aquí?**
Which of the boys are still here?

**¿Cuáles son las ventajas de los prodúctos orgánicos? Son buenos para la salud, y para el medioambiente.**

**Y ¿cuál es el problema?**    **Cuestan más.**

**Refer to Aprende 35.**

## Aprende 87

### Negative imperatives

To create negative imperatives you take the usual endings for regular **ar**, **er**, **ir** verbs and where there is an **a** you change it to **e**, and you change an **e** to **a**, adding **no** in front of the verb.

**HABL(AR)**
**hablas** = you speak
therefore **no hables** = don't speak.
**habláis** = you speak (pl)
therefore **no habléis** = don't speak (pl).
**(Vd.) habla** = you speak (pol)
therefore **no hable** (Vd.) = don't speak.

**COM(ER)**
**comes** = you eat
therefore **no comas** = don't eat.
**coméis** = you eat (pl)
therefore **no comáis** = don't eat (pl).
**(Vd.) come** = you eat (pol)
therefore **no coma (Vd.)** = don't eat.

**DECIDIR** and all regular **ir** verbs follow the same pattern as **comer** and **er** verbs.
*Irregulars:* **no pongas, no vengas, no hagas, no salgas, no tengas, no digas  no seas, no vayas.**

With irregulars, once you know the irregular stem – which in most cases comes from the first person in the present tense – you follow the rules for regular endings.

*Note* You may also use the above rule for '*let's* do something'.
**hablamos** = we talk
therefore **hablemos** = let's talk.
comemos = we eat
therefore **comamos** = let's eat
With **ir** verbs you change the **i** to an **a**:
**decidimos** = we decide
therefore **decidamos** = let's decide.

# Classroom vocabulary

alfabeto (m) – *alphabet*
armario (m) – *cupboard*
asignatura/materia (f) – *subject*
bolígrafo (m) – *biro, pen*
bolsa (f) – *bag*
carpeta (f) – *folder*
carpeta (f) de anillas – *ring binder*
cartera (f) – *school bag*
CD (m) – *CD*
cifra (f) – *figure, number*
compañero/a (m/f) – *partner, friend*
cuaderno (m) – *exercise book*
cuadro (m) – *picture*
deberes (mpl) – *homework*
delegado/a (m/f) – *class representative*
dibujo (m) – *drawing, picture*
director/a (m/f) – *headmaster/headmistress*
disco (m) – *disk*
ejemplo (m) – *example*
ejercicio (m) – *exercise, task*
estantería/librería (f) – *bookcase*
estuche (m) – *pencil case*
foto (f) – *photo*
goma (f) – *rubber*
grabación (f) – *recording*
hoja (f) de trabajo – *worksheet*
horario (m) de clases – *timetable*
imágen (f) – *picture*
impresora (f) – *printer*
lápiz (m) – *pencil/pencils*
lápiz (m) de colores – *coloured pencil*
letra (f) – *letter (of the alphabet)*
libro (m) – *book*
mapa (m) – *map*
mesa (f) – *table*
mochila (f) – *bag (backpack)*
número (m) – *number*
ordenador (m) – *computer*
página (f) – *page*
pantalla (f) – *screen*
palabra (f) – *word*
papel (m) – *paper*
pareja (f) – *pair;* pareja (m/f) – *partner*
pizarra (f) – *blackboard*
portfolio (m) – *folder*
póster (m) – *poster*

pregunta (f) – *question*
profesor/a (m/f) de ... – *(subject) teacher*
pupitre (m) – *desk*
ratón (m) – *(computer) mouse*
regla (f) – *ruler*
repaso (m) – *revision*
respuesta (f) – *answer*
resumen (m) – *summary*
rompecabezas (m) – *puzzle*
rotulador (m) – *felt-tip pen*
silla (f) – *chair*
tablón (m) de anuncios – *noticeboard*
teclado (m) – *keyboard*
tiza (f) – *chalk*

## Classroom instructions and language about learning

abajo – *below*
abre la ventana/la puerta – *open the window/door*
¡abre los libros por la página ...! – *open your books on page ...*
adapta el texto – *adapt the text*
ahora – *now*
anota – *note down*
apaga la luz – *switch off the light*
aprende la lista/el verbo – *learn the list/the verb*
baja la mano – *put your hand down*
busca – *look for, find*
cállate/callaos – *be quiet!*
cambia – *change*
¡cierra la ventana/la puerta! – *shut the window/door*
completa las frases/el párrafo – *complete the sentences/the paragraph*
¿cómo se escribe? – *how do you write/spell?*
¿comprendes? ¿comprendeis? – *do you understand?*
contesta en inglés/en español – *answer in English/ in Spanish*
contesta las preguntas – *answer the questions!*
copia – *copy*
corrige los errores – *correct the mistakes*
¿cuál(es)? – *which?*
¿cuándo? – *when?*
¿cuánto/os/as? – *how many?*
cuidado – *be careful*
decide – *decide*

describe – *describe*

dibuja – *draw*

diga – *say*

diseña – *draw*

¿dónde tenemos la clase de ...? – *where is the ... class?*

elige las palabras adecuadas/correctas – *choose the right words*

empareja – *pair up, match up the pairs*

en el aula 203 – *in room 203 (NB aula is feminine)*

en forma de ... – *in the form of ...*

enciende la luz! – *put on the light (singular)*

¡entra!/¡entrad! – *come in*

escoge – *choose*

escondido/a – *hidden*

escribe/escribid ... – *write down ...*

escribe en el orden correcto – *write down in the correct order*

escribe sobre – *write about*

escribe una descripción/frases completas/un email/una lista – *write a description/complete sentences/an email/a list*

escrito – *written*

escucha y lee – *listen and read*

¡escucha/escuchad atentamente! – *listen carefully*

escucha la grabación (para verificar) – *listen to the recording (to check)*

escucha lo que dice ... – *listen to what ... says*

escucha otra vez – *listen again*

explica – *explain*

falso – *false*

faltar; las palabras que faltan – *to be missing; the missing words*

guarda tu trabaja – *keep/save your work*

hacer el papel de ... – *play the part of ...*

¡haz el ejercicio número 6! – *do exercise 6*

haz preguntas/respuestas/una conversación con tu compañero/a – *make up questions/answers/a conversation with your partner*

identifica – *identify, find*

lee atentamente – *read carefully*

lee el texto siguiente – *read the following text*

lee otra vez – *read again*

levanta la mano – *raise your hand*

levántate/levantaos – *sit down*

luego – *then, afterwards*

mira hacia adelante – *face the front*

¡mira la pantalla! – *look at the screen*

mira las instrucciones de la página – *look at the instructions on the page*

mira las palabras subrayadas – *look at the underlined words*

observa – *look closely at, study*

oral – *oral, spoken*

ordena las palabras – *put the words in order*

otra vez – *again*

pon ... – *put down ...*

prestad atención! – *pay attention*

primero, ... – *first of all, ...*

¿qué clase tenemos ahora? – *which class do we have now?*

¿qué dice? ¿qué dicen? – *what does he/she say? what do they say?*

¿qué hora es? – *what time is it?*

¿qué palabra no pertenece? – *which word doesn't belong, which is the odd one out?*

¿qué pasa? – *what's going on?*

¿quién dice/piensa? – *who says/thinks?*

¿quién quiere contestar? – *who wants to answer?*

¿quién sabe la respuesta? – *who knows the answer?*

¡quieto!/¡quietos! – *be still*

recuerda – *remember*

reescribe – *rewrite*

rellena los blancos/los huecos con – *fill the gaps with*

rellena los datos – *fill in the details*

repite – *repeat*

saca los libros – *take out your books*

según ... – *according to ...*

¡siéntate!/¡sentaos! – *sit down*

¡silencio! – *quiet please*

¿teneis preguntas? – *do you have any questions?*

¡todos juntos! – *all together*

trabaja con tu pareja/tu compañero/a – *work with your partner*

trabajad de dos en dos/en parejas/en grupos – *work in twos/in pairs/in groups*

traduce – *translate*

une ... con – *join up ... with*

utiliza – *use*

vamos a escuchar la cinta/el casette – *we are going to listen to the tape*

¡ven aquí!/¡venid aquí! – *come here*

verdadero o falso – *true or false*

## How well am I doing?

¿en qué curso estás? – *what year are you in?*
correcto/acertado – *correct*
(muy) bien – *(very) good*
tener un examen – *to have an examination*
aprobar el examen – *to pass the examination*
hacer bien/mal el examen de español – *to do well/badly in the Spanish exam*
examinarse – *to take an examination*
portarse bien/mal – *to behave well/badly*
Estoy en 1° de ... – *I am in the first year of ...*
notas (fpl) – *grades*
Sobresaliente – *excellent*
Notable – *very good*
Bien – *good*
Suficiente – *fairly good*
Insuficiente – *poor*
Muy deficiente – *very poor*
Sé ... *I know how to ...*
    escribir una frase – *write a sentence*
    escribir un párrafo – *write a paragraph*
    hacer preguntas – *ask questions*
    pedir algo – *ask for something ...*
        ... en español – *en Spanish*

## Grammatical terms

adjetivo (m) – *adjective*
femenino – *feminine*
infinitivo – *infinitive*
irregular – *irregular*
masculino – *masculine*
plural – *plural*
singular – *singular*
sustantivo (m) – *noun*
verbo (m) – *verb*

# Vocabulario

## A

abajo *downstairs*

abierto *open*

el/la abogado/a *lawyer*

el abrazo *hug*

abrigarse *to keep/dress warm*

el abrigo *coat*

el abril *april*

abrir *to open*

el/la abuelo/a *grandfather/mother*

los abuelos *grandparents*

aburrido/a *bored*

el aceite *oil*

la aceituna *olive*

aconsejar *to advise*

acordar *to remember*

acostarse *to go to bed*

el acueducto *aqueduct*

el acuerdo *agreement*

adaptar *to adapt*

además *moreover*

el/la adicto/a *addict*

adjuntar *to attach*

¿adonde? *to where?*

adorar *to adore*

la aduana *customs*

el aeropuerto *airport*

la afición *love/enthusiasm*

la agencia de viajes *travel agency*

el agosto *august*

agradecer *to thank*

agregar *to add*

agresivo/a *aggressive*

la agua *water*

ahora *now*

ahorrar *to save*

el aire acondicionado *air conditioning*

el ajredrez *chess*

ajustado *tight (clothes)*

la aldea *holiday village*

alegre *happy*

la alergia *allergy*

algo *something*

el algodón *cotton*

la alimentación *food*

allí *there*

el almuerzo *lunch*

alojar(se) *to lodge*

alquilar *to hire/to rent*

alrededor (de) *around*

alto/a *tall/high*

(el) amarillo *yellow*

ambicioso/a *ambitious*

el ambiente *ambience/surroundings*

amigable *friendly*

el/la amigo/a *friend*

la amistad *friendship*

ancho/a *wide*

andar *to walk*

la anécdota *anecdote*

el año *year*

anoche *last night*

anteayer *the day before yesterday*

antes (de) *before*

el anuncio *announcement/advert*

el apellido *surname*

aprender *to learn*

aprobar *to pass*

apropiado *appropriate*

aquí *here*

el árbol *tree*

el arquitecto *architect*

arreglar *to prepare/to tidy/to fix*

arrepentirse *to regret*

arriba *upstairs*

el arroz *rice*

el arte *art*

el ascensor *lift*

el asiento *seat*

las asignaturas *subjects*

la astrología *astrology*

el/la astronauta *astronaut*

la astronomía *astronomy*

aterrizar *to land*

aterrorizar *to terrify*

atlético/a *athletic*

atrevido/a *daring*

el atún *tuna*

aunque *although*

el autobús *bus*

el autocar *coach*

la autonomía *autonomy*

autoritario/a *authoritarian*

la ave *bird*

el avión *aeroplane*

ayudar *to help*

el ayuntamiento *Town Hall*

la azafata *air hostess*

(el) azul *blue*

## B

bailar *to dance*

bajar *to go down*

bajo/a *short*

el baloncesto *basketball*

el bañador *bathing costume*

bañar(se) *to bathe/have a bath*

el banco *bank*

la bandeja de entrada *inbox*

la bandera *flag*

la barbaridad *barbarity*

la barbilla *chin*

el barco *boat/ship*

la barriga *stomach*

el barrio *area/district*

bastante *enough/quite*

la basura *dustbin/rubbish*

el bebé *baby*

beber *to drink*

el béicon *bacon*

la biblioteca *library*

la bicicleta *bicycle*

bien *well*

bienvenido *welcome*

el biftec *steak*

el billar *billiards/snooker*

el billete *ticket*

la biología *biology*

biológico *biological*

(el) blanco/a *white*

la blusa *blouse*

la boca *mouth*

el bocadillo *sandwich (with baguette)*

la boda *wedding*

bonito/a *pretty, nice*

borrar *to erase*

el bote *boat*

la botella *bottle*

la botella de cristal *glass bottle*

el boxeador *boxer*

el brazo *arm*

la broma *joke*

buen/o/a/os/as *good*

la bufanda *scarf*

el bullicio *hustle and bustle*

buscar *to look for*

# C

la cabeza *head*

el cacao *cocoa*

el cacharro *pots and pans*

cada *each*

el café *coffee*

la caja *box/till*

el calamar *squid*

calcar *to trace*

los calcetines *socks*

caliente *hot*

la calle *street*

el calmante *painkiller*

el calor *heat*

la cama *bed*

el/la camarero/a *waiter*

el camión *lorry*

la camiseta *vest/T-shirt*

la campana *bell*

el campo *countryside*

el campo de golf *golf course*

la canoa *canoe*

cansado/a *tired*

cansar *to tire*

la cantidad *quantity*

la capital *capital*

el caramelo *a sweet*

el cargo *charge*

cariñoso/a *loving/ affectionate*

caritativo/a *charitable*

la carne *meat*

la carnicería *butcher's*

caro/a *expensive*

la carpeta *folder*

el carpintero *carpenter*

la carrera *race/career*

la carta *letter/menu*

cartearse *to exchange letters*

la cartelera *film publicity board*

la cartera *wallet*

el cartero *postman*

la casa *house*

casarse *to get married*

el casco antiguo *old quarters*

casi *almost*

castigar *to punish*

el castillo *castle*

la catedral *cathedral*

la cazadora *sports jacket*

la cebolla *onion*

celebrar *to celebrate*

la cena *dinner/supper*

cenar *to have dinner/supper*

el centro *centre*

el cepillo *brush*

cerca *near*

cerrado/a *closed*

cerrar *to close*

la cerveza *beer*

el chalet/chalé *villa*

el champán *champagne*

el champiñón *mushroom*

la chaqueta *jacket*

charlar *to chat*

el/la chico/a *boy/girl*

chistoso/a *funny*

el chorizo *salami*

el ciclismo *cycling*

la ciencia ficción *science fiction*

las ciencias *Science*

cierto/a *certain/true*

la cifra *number/figure*

el cine *cinema*

la cinta *tape*

el cirujano *surgeon*

la cita *appointment*

la ciudad *city*

el clarinete *clarinet*

claro *of course*

el clima *climate*

la clínica *clinic*

el cobarde *coward*

el coche *car*

el cocido *stew with chick peas*

la cocina *kitchen*

cocinar *to cook*

coleccionar *to collect*

el colegio *school*

la coliflor *cauliflower*

la comadrona *midwife*

combinar *to combine*

el comedor *dining room*

comenzar *to start/begin*

comer *to eat*

la comida *meal/lunch/food*

la comida (rápida) *food/ meal(/fast food)*

la comisaría *police station*

como; ¿cómo? *how; how?*

cómodo/a *comfortable*

el/ la compañero/a *partner*

compartir *to share*

el complejo deportivo *sports complex*

comprar *to buy*

comprender *to understand*

comprensivo *understanding*

con *with*

el coñac *brandy*

el concierto *concert*

conducir *to drive*

conmigo, contigo *with me, with you*

conseguir *to succeed/to manage*

constantemente *constantly*

consultar *to consult*

la contaminación *pollution*

contar *to tell/count*

el contenedor *skip*

contento/a *happy*

el contestador automático *answering machine*

contestar *to answer, reply*

contigo *with you*

el contrario *opposite*

conveniente *convenient*

copiar *to copy*

la corbata *tie*

correcto/a *correct*

corregir *to correct*

el correo *post*

el correo electrónico *e-mail*

correr *to run*

la corrida *bull fight*

corto/a *short*

la cosa *thing*

la costa *coast*

costar *to cost*

crudo/a *raw*

la cruz roja *red cross*

el cuaderno *exercise book*

el cuadro *square/picture*

cual; ¿cual? *which, which (one)?*

cuando; ¿cuándo? *when; when?*

cuanto; ¿cuánto? *how much; how much?*

¿cuántos/as? *how many?*

el cuarto de baño *bathroom*

el cuarto de estar *living room*

cuarto/a *fourth*

cubrir *to cover*

la cuenta *bill*

la cuerda *string/rope*

el cuerpo *body*

la cuestión *question/matter*

la cueva *cave*

cuidar *to look after*

culto/a *educated*

el cumpleaños *birthday*

el curso *course*

**D**

el dardo *dart*

debajo (de) *underneath/under*

el deber *duty*

deber *to have to*

los deberes *homework*

débil *weak*

decidir *to decide*

décimo/a *tenth*

dedicar *to dedicate*

el dedo *finger*

defender *to defend*

delante (de) *in front of*

delgado/a *thin, slim*

la delincuencia *delinquency*

demasiado *too (much)*

el/la dentista *dentist*

los deportes *sports*

el/la deportista *sportsman/woman*

la derecha *right*

desafortunadamente *unfortunately*

desagradable *unkind*

el desastre *disaster*

el desayuno *breakfast*

describir *to describe*

la descripción *description*

descubrir *to discover*

desde *from/since*

desear *to wish*

desequilibrado/a *unbalanced*

el desfile *parade/procession*

desierto/a *deserted*

desobediente *disobedient*

desordenado *unorganised*

los desperdicios *waste/leftovers*

el despertador *alarm clock*

despertarse *to wake up*

después (de) *after*

el destino *destination*

destruir *to destroy*

la desventaja *disadvantage*

detrás (de) *behind*

el diálogo *dialogue*

diario/a *daily*

dias, buenos *good morning*

dibujar *to draw*

el dibujo *picture*

el diciembre *December*

el diente *tooth*

la diferencia *difference*

difícil *difficult*

dimitir *to resign*

el dinero *money*

directamente *immediately*

el director *headteacher/director*

la discoteca *disco*

discutir *to discuss*

el diseño *art/design*

el disfraz *fancy dress*

disfrutar (de) *to enjoy*

divertirse *to enjoy oneself*

doler *to hurt*

dolor; tengo dolor de cabeza *pain; I've got a headache*

dominante *dominant*

el domingo *(on) Sunday*

donde; ¿dónde? *where; where?*

dormir *to sleep*

el dormitorio *bedroom*

ducharse *to shower*

dulce *sweet*

durante *during*

**E**

echar *to throw*

el/la ecologista *ecologist*

la edad *age*

el edificio *building*

la educación física *physical education (P.E.)*

egoísta *selfish*

el ejemplo *example*

el ejercicio *exercise*

elegante *elegant*

elegir *to choose*
la emoción *emotion*
emparejar *to pair up*
el empaste *filling*
en *in/on/at*
encanta, me *I love*
encender *to light/to switch on*
encima (de) *on top of*
encontrar *to find*
energético *energetic*
el enero *January*
enfadarse *to get angry*
el/la enfermero/a *nurse*
enfermo/a *ill*
engordar *to put on weight*
enojarse *to get angry*
la ensalada *salad*
entender *to understand*
entrar *to enter*
entre *between*
la entrevista *interview*
el envase *container*
envejecer *to age*
enviar *to send*
la época *period*
equilibrado/a *balanced*
el equipaje *luggage*
las escaleras *stairs*
escribir *to write*
escrito *written*
escuchar *to listen*
la escuela *school*
la escultura *sculpture*
ese/esa *that*
esos/esas *those*
la espalda *back*
esperar *to wait*
esquiar *to ski*
estable *stable*
la estación *station*
el estadio *stadium*
los Estados Unidos *United States*
el estanco *tobacconist*
la estantería *bookcase*
la estatura *height*
este/esta *this*

el estilo *style*
el estómago *stomach*
estos/estas *these*
estrecho/a *narrow*
el estrés *stress*
estudiar *to study*
el europeo *European*
evitar *to avoid*
la excursión *outing, trip*
la explicación *explanation*
el/la extranjero/a *foreigner*
extraordinario/a *extraordinary*
extrovertido/a *extrovert*

**F**

fabricar *to manufacture/ to make*
falso *false*
la familia *family*
familiarizarse (con) *to familiarise oneself*
favorito/a *favourite*
el febrero *February*
la fecha *date*
la fecha de nacimiento *date of birth*
fenomenal *phenomenal*
feo/a *ugly*
fiable *reliable*
la fiebre *ever*
fiel *loyal/faithful*
la fiesta *party*
la figura *figure*
el filete *fillet/steak*
la filosofía *philosophy*
filosófico/a *philosophical*
el fin de semana *weekend*
la física *physics*
físicamente *physically*
el flamenco *flamenco dance/music*
(la) forma (en) *fit*
el formulario *form*
forzar *to force*
la foto(grafía) *picture/photo*
el francés *French*
la frase *sentence*

fregar *to wash*
fresco/a *fresh*
frío/a *cold*
frito/a *fried*
fuera (de) *outside*
fuerte *strong*
funcionar *to function/to work*
el/la futbolista *footballer*

**G**

las gafas *glasses*
la galería de arte *art gallery*
(el) gallego *Galician (language)*
la galleta *biscuit*
el garaje *garage*
la garganta *throat*
la gaseosa *lemonade/soda*
gastar *to spend*
el gato *cat*
los gemelos *twins (identical)*
generoso/a *generous*
la geografía *geography*
el gigante *giant*
la gimnasia *gymnastics*
el gol *goal*
gordo/a *fat*
la gordura *fat*
gracias *thank you*
gracioso *funny*
grande *big*
la grasa *fat*
grasiento/a *oily/greasy*
grave *serious*
gris *grey*
gritar *to shout*
grueso/a *thick*
el guante *gloves*
guapo/a *handsome/ pretty*
guardar *to save/to keep*
el guardarropa *wardrobe*
la guardia *guard*
la guerra *war*
la guía telefónica *phone directory*

el guisante *pea*
gustar; me gusta *to please, I like*
la habitación *bedroom*
el/la habitante *inhabitant*
hablar *to speak*
hacer *to do/make*
el hambre (f) *hunger*
la hamburguesa *hamburger*
hasta *until*
hasta luego *see you later*
hay *there is/there are*
la heladería *ice-cream parlour*
el/la hermano/a *brother/sister*
el hielo *ice*
el/la hijo/a *son/daughter*
el hipermercado *hypermarket*
hispanohablante *Spanish-speaking*
los hispanos *Hispanics*
la historia *history/story*
la hoguera *bonfire*
hola *hello*
honesta *honest*
la hora *time/hour*
el horario *timetable*
el horóscopo *horoscope*
el hospital *hospital*
el hueco *gaps, spaces*
la huelga *strike*
la huerta *orchard*
el huerto *orchard*
el huevo *egg*

**I**

identificar *to identify*
el idioma *language*
la iglesia *church*
igual *same*
iluso/a *gullible*
el impermeable *raincoat*
importante *important*
imprimir *to print*
indecisa *indecisive*
indiferente *indifferent*
la informática *I.T.*
ingenuo/a *naïve*

Inglaterra *England*
el inglés *English*
inmaduro/a *immature*
el insecticida *insecticide*
inseguro/a *insecure*
insignificante *insignificant*
insistente *insistent*
el instituto *secondary school*
la instrucción *instruction*
insultar *to insult*
la intención *intention*
interesar; me interesa *to interest; I'm interested in*
el invierno *winter*
la invitación *invitation*
ir; irse *to go; to go away*
izquierdo/a *left*

**J**

el jamón *ham*
el jarabe *syrup*
el jardín *garden*
el jardinero *gardener*
la jaula *cage*
el jefe *boss*
el jersey *jumper*
el jueves *(on) Thursday*
jugar *to play (game, sport)*
el julio *July*
junio *June*
justo/a *correct, just, fair*
la juventud *youth*
juzgar *to judge*

**L**

el lado (al lado) *side (next to)*
el ladrón *thief*
el lago *lake*
largo/a *long*
la lata *tin/can*
lavar *to wash*
la leche *milk*
la lechuga *lettuce*
leer *to read*
la legumbre *vegetable*
lejos *far*

la lengua *language/tongue*
las lentejas *lentils*
lento/a *slow*
el león *lion*
levantarse *to get up*
la libertad *freedom*
libre *free/empty*
la libreta de direcciones *address book*
el libro *book*
ligero/a *light*
lila *lilac*
la línea *line*
liso/a *straight*
la lista *list*
la literatura *literature*
el litro *litre*
llamo (me) *my name is*
la llave *key*
la llegada *arrival*
llegar *to arrive*
lleno/a *full*
llevar *to take/to wear*
lloviendo *raining*
loco/a *crazy*
Londres *London*
el loro *parrot*
la lotería *lottery*
luego *later/then*
el lugar *place/position*
el lunes *Monday*

**M**

la madera *wood*
la madre *mother*
la madrugada *dawn/daybreak*
el mago *magician*
mal *bad*
mal, tener *to be in pain*
la maleta *suitcase*
malgastar *to waste/to misspend*
la mañana *morning*
mandar *to send*
la manera *way*
la mano *hand*
la máquina *machine*

| | | | | | |
|---|---|---|---|---|---|
| el | mar *sea* | el | monstruo *monster* | **O** | |
| el | maratón *marathon* | la | montaña *mountain* | | o *or* |
| | marcar *to score/to mark* | el | monumento *monument* | | obligatorio *compulsory* |
| el | marido *husband* | | moreno/a *brown/dark/* | la | obra *play* |
| el | marisco *shellfish* | | *tanned* | | octavo/a *eighth* |
| | marrón *brown* | | morir *to die* | | octubre *October* |
| el | martes *(on) Tuesday* | | mostrar *to show* | el/la | oculista *optician* |
| | marzo *March* | la | moto(cicleta) *motorbike* | | ocurrir *to happen* |
| | masculino *masculine* | | mover *to move* | | odiar *to hate* |
| | masticar *to chew* | | muchas *many* | la | oficina *office* |
| las | matemáticas *maths* | la | muela *(back) tooth* | el | ojo *eye* |
| la | materia orgánica *organic* | el/la | muñeco/a *doll* | | olvidar *to forget* |
| | *matter* | el | museo *museum* | la | opción *option* |
| las | materias *subjects* | la | música *music* | las | opciones *options* |
| | mayo *May* | | muy *very* | | operar *to operate* |
| el/la | mayor *eldest* | | | el | orden *order* |
| | mediano/a *medium* | **N** | | el | ordenador *computer* |
| | medianoche *midnight* | | nada *nothing* | el | ordenador portátil *laptop* |
| las | medias *tights* | | nadar *to swim* | | ordenar *to order/to tidy* |
| el | médico *doctor* | | nadie *no-one* | el | origen *origin* |
| | medio (de), en *in the* | | naranja *orange* | la | oscuridad *darkness* |
| | *middle of* | la | natación swimming | | oscuro/a *dark* |
| el | medio ambiente | la | naturaleza *nature* | el | otoño *autumn* |
| | *environment* | | navegar *to surf* | | otro/otra *another* |
| | mediodía *midday* | la | Navidad *Christmas* | | |
| los | medios *means* | | necesitar *to need* | **P** | |
| la | memoria *memory* | | negro *black* | la | paciencia *patience* |
| el | mendigo *beggar* | | nevando *snowing* | el | padre *father* |
| | mentir *to lie* | | nevar *to snow* | los | padres *parents* |
| | menudo, a *often* | la | nieve *snow* | la | paella *rice dish* |
| el | mercado *market* | la | noche *night* | | pagar *to pay* |
| la | merienda *tea* | | noches, buenas *good* | la | página *page* |
| la | mermelada *jam,* | | *night* | la | página navegadora/web |
| | *marmalade* | la | Nochevieja *New Year's Eve* | | *web page* |
| el | mes *month* | el | nombre *name* | el | país *country* |
| la | mesa *table* | el | norte *north* | el | pájaro *bird* |
| | mi *my* | la | nota *note* | la | palabra *the word* |
| el | miedo *ear* | las | noticias *news* | el | palacio *palace* |
| | miedoso *scary* | la | novela *novel/soap opera* | | pálido/a *pale* |
| el | miércoles *(on) Wednesday* | | noveno/a *ninth* | el | pan *bread* |
| | mil *thousand* | | noviembre *November* | la | panadería *bakery* |
| | mirar *to look* | el/la | novio/a *boyfriend/* | la | pandilla *group of friends* |
| el/la | mismo/a *same* | | *girlfriend* | el (los) | pantalón (pantalones) |
| | mixto/a *mixed* | | nublado *cloudy* | | *trousers* |
| la | mochila *satchel* | | nuevo *new* | el | pañuelo *handkerchief* |
| la | moda *fashion* | el | número *number* | el | papel *paper* |
| | moderno/a *modern* | | nunca *never* | el | par *pair* |
| el | mono *monkey* | el | nutriente *nutrient* | la | parada *stop* |

| | | | | | | | |
|---|---|---|---|---|---|---|---|
| el | paraguas *umbrella* | la | pila *battery* | la | puerta *door* |
| la | pared *wall* | la | píldora *pill* | el | puerto *port* |
| el | parque *park* | el | piloto *pilot* | | punto, en *on the dot* |
| el | parque de atracciones *amusement park* | | pintar *to paint* | | |
| el | párrafo *paragraph* | el | pintor *painter* | **Q** | |
| la | parte *part* | la | piscina *swimming pool* | | que; qué? *what, that; what?* |
| el/la | participante *participant* | el | piso *flat* | | |
| el | partido *match* | la | planta *plant/floor* | | quedarse *to stay* |
| | pasar *to pass/spend time/happen* | el | plátano *banana* | | quejarse *to complain* |
| | | el | plato *plate/dish* | | quemar *to burn* |
| el | pasatiempo *hobby* | la | playa *beach* | | querer *to want/to love* |
| | pasear *to go for a walk* | la | plaza de toros *bullring* | | querido/a *dear* |
| el | pasillo *corridor* | | pobre *poor* | el | queso *cheese* |
| la | pastilla *tablet* | | poco *little* | | ¿quién (es)? *who?* |
| la | patata *potato* | el | polideportivo *sports centre* | la | química *chemistry* |
| las | patatas fritas *chips/crisps* | | | | quince *fifteen* |
| | patinar *to skate* | | poner *to put* | | quinto/a *fifth* |
| | pedir *to ask/beg* | la | porción *portion* | el | quiosco/kiosko *kiosk* |
| | peinar (se) *to comb (your hair)* | | porque; ¿por que? *because; why?* | el | quirófano *operating theatre* |
| | pelear *to fight* | la | postal *postcard* | | quitar *to take off* |
| la | película *film* | el | postre *dessert* | | quizá(s) *perhaps* |
| | peligroso/a *dangerous* | la | predicción *prediction/forecast* | | |
| el | pelo *hair* | | | | |
| la | pena *sadness* | | preferir *to prefer* | **R** | |
| | pendiente *dependent/subject to* | | preguntar *to ask* | la | ración *ration of tapas* |
| | | el | premio *prize* | la | rana *the frog* |
| | pensar *to think* | | preocupar *to worry* | | rápidamente *quickly* |
| | pensativo/a *thoughtful* | el | presente *present* | | raro/a *strange* |
| | pequeño/a *small* | el | pretérito *simple past* | el | rato *while/short time* |
| la | pera *pear* | la | primavera *spring* | la | raza *race* |
| | perder *to lose* | | primero/a *first* | la | razón *reason* |
| el | perfil *profile* | el/la | primo/a *cousin* | las | rebajas *sales* |
| el | periódico *newspaper* | | principalmente *mainly* | la | receta *recipe* |
| el/la | periodista *journalist* | la | prioridad *priority* | | recibir *to receive* |
| el | permiso *permission* | | prisa, de *quickly* | el | reciclaje *recycling* |
| | pero *but* | | privado/a *private* | | reciclar *to recycle* |
| el | perro *dog* | el/la | profesor/a *teacher* | | reclinable *reclining* |
| | pertenecer *to belong to* | el | programa *programme* | el | recreo *break* |
| el | peruano *Peruvian* | | progresar *to progress* | los | recuerdos *regards/souvenirs* |
| el | pescado *fish (to eat)* | | prohibir *to forbid* | | |
| | pescar *to fish* | | pronto *soon* | | recuperar(se) *to get better* |
| el | petróleo *oil* | | protestar *to protest* | | redactar *to write* |
| el | petrolero *oil tanker* | la | provincia *province* | el | refresco *cool drink* |
| el | pez *fishing (living)* | | próximo/a *next* | el | regalo *present* |
| el | pie *foot* | | públicamente *publically* | | regañar *to tell off* |
| la | piel *skin* | el | pueblo *small town/village* | la | regata *boat race* |
| | | el | puente *bridge* | | |

la  región *region*
    regular *fair/so so*
    regularmente *regularly, often*
la  reina *queen*
    reír *to laugh*
la  relación *relation*
    relacionada *related*
    relajarse *to relax*
    rellenar *to fill in*
el  remedio *solution/remedy*
    repasar *to go over/revise*
el  resfriado *cold*
    respetar *to respect*
    responder *to answer, reply*
la  respuesta *answer*
el  resto *rest*
la  reunión *reunion*
la  revista *magazine*
el  rey *king*
    rico/a *rich*
    ridículo *ridiculous*
el  rincón *corner*
el  río *river*
el  ritmo *beat, rhythm*
    rizado/a *curly*
la  rodilla *knee*
(el) rojo/a *red*
la  ropa *clothes*
la  ropa interior *underwear*
(la) rosa *pink*
    roto/a *broken/fractured*
    rubio/a *blonde*
el  ruido *noise*
la  ruina *ruin*
la  rutina *routine*

**S**

el  sábado *(on) Saturday*
    saber *to know*
    sacar *to take out*
el  saco *bag*
la  sala *lounge*
la  salchicha *sausage*
la  salida *departure, exit*
    salir *to go out*
el  salón *living room*

la  salsa *sauce/gravy*
    saltar *to jump*
la  salud *health*
    saludos *greetings*
    sanar *to recover*
    secar *to dry*
la  sed *thirst*
    seguida, en *immediately*
    seguir *to continue*
    segundo/a *second*
    seguro/a *sure*
la  selección *selection*
el  sello *stamp*
la  semana *week*
    Semana Santa *Easter Week*
el  senderismo *hiking*
el  señor *Mr/sir/gentleman/ man*
    sentarse *to sit*
    sentir *to feel*
    septiembre *September*
    séptimo/a *seventh*
    ser *to be*
    serio/a *serious*
el  servicio *toilet*
la  sesión *session*
    severo/a *severe/firm*
    sexto/a *sixth*
    siempre *always*
el  signo *sign*
el/la siguiente *next*
la  silla *chair*
    simpático/a *kind*
    sin embargo *however*
    sincero/a *sincere*
    sobre *about/on/above*
la/el sobrino/a *nephew/niece*
    sociable *sociable*
el  sol *sun*
    solamente *only*
la  solicitud *application form*
    solo/a *alone*
    solucionar *to solve*
el  sombrero *hat*
la  sopa *soup*
    soprender *to surprise*
    subir *to go up*

el  submarinismo *scuba diving*
    subrayar *to underline*
el  sudamericano/a *South American*
el  sueño (tener) *to be sleepy*
    suerte, buena *good luck*
    sufrir *to suffer*
    sugerido/a *suggested*
    sugerir *to suggest*
    superbien (coll.) *very well*
el  supermercado *supermarket*
el  sur *south*
el  susto *fright*
    suyo/a *his/hers*
    suyos/as *theirs*

**T**

el  tacón *heel*
    tambien *also*
    tampoco *neither*
la  tapa *snack*
    tapar *to cover*
la  tarde *the afternoon*
    tardes, buenas *good afternoon*
la  tarjeta *card*
la  tarta *cake*
la  taza *cup*
el  té *tea*
el  teatro *theatre*
el  tebeo *children's comic*
la  tecnología *technology*
el  teléfono *telephone*
el  teletexto *teletext*
    temer *to fear*
    temporal *temporary*
    temprano *early*
    tener *to have*
    tercero/a *third*
    terminar *to finish*
la  terraza *terrace/balcony*
la  tía *aunt*
el  tiempo *weather*
la  tienda *shops*
la  tierra *earth*
el  tigre *tiger*
    tímido/a *shy*

el tío *uncle*
típico/a *typical*
el tipo *type*
tocar *to play (an instrument, music)*
todo *everything/all*
tomar *to have/take*
tonto/a *silly*
el toro *bull*
la tortilla *omelette*
la tortuga *turtle*
la tos *cough*
la tostada *toast*
trabajar *to work*
el/la traductor(a) *translator*
traer *to bring*
traje *dress/suit*
tranquilo/a *calm*
el transporte *transport*
través, a *through*
el tren *train*
el trineo *sledge*
triste *sad*
el trozo *slice*
el turismo *tourism/private car*
los turistas *tourists*
tuyo/a *yours*

**U**

últimamente *lately*
último/a *last*
el uniforme *uniform*
unir *to join*
la universidad *university*
la urgencia *emergency, emergency services*
urgente *urgent*
útil *useful*
utilizar *to use*
la uva *grape*

**V**

vacío/a *empty*
valorar *to value*
los vaqueros *jeans*
el vaso *glass*
veces, a *sometimes*
el/la vecino/a *neighbour*
la vegetación *vegetation*
vegetariano/a *vegetarian*
la velocidad *speed*
la venda *bandage*
vender *to sell*
venir *to come*

la ventaja *advantage*
la ventana *window*
ver *to see*
el verano *summer*
verdadero/a *true*
verde *green*
la verdura *vegetable*
vestirse *to get dressed*
el/la veterinario/a *vet*
vez en cuando, de *from time to time*
viajar *to travel*
el viernes *(on) Friday*
el vino *wine*
visitar *to visit*
la vista *view*
vivir *to live*
volver *to return*
el vuelo *flight*

**Y**

el yogur *yogurt*

**Z**

las zapatillas *slippers*
los zapatos *shoes*
el zoológico *zoo*
el zumo *juice*